Das Buch

Lieder von Matrosen und Mädchen, Lieder vom Hafen, Lieder von Schiffen und ›Lili Marleen‹. Die Verse der ›Hafenorgel‹ sind aus dem Erlebnis fremder Länder und heimischer Küsten entstanden, sie stecken voller Abenteuer und Seefahrtsromantik. Können sie heute, im Zeitalter der Supertanker und der Containerschiffe, bestehen? Allerdings. Denn Leip hat ja nicht nur den Talmiglanz der Hafenkaschemmen und die salzige Brise am Morgen beschrieben, sondern einen herben, männlichen Mythos geschaffen, der bei aller Sprödigkeit viele zarte und menschliche Züge enthält.

Der Autor

Hans Leip, am 22. September 1893 in Hamburg geboren, ist der Sohn eines Hafenarbeiters. Fuhr in den Ferien auf einem Fischdampfer, war später Journalist und Zeichner (u. a.) für den ›Simplicissimus‹. Viele Reisen. Als Verfasser des Liedes ›Lili Marleen‹ und Kritiker des Nazi-Regimes mußte er im Zweiten Weltkrieg sehr zurückgezogen leben. Leip ist heute in der Schweiz ansässig. Professor h. c. – Wichtige Werke: ›Der Pfuhl‹, ›Godekes Knecht‹, ›Das Muschelhorn‹, ›Aber die Liebe‹, ›Jan Himp und die kleine Brise‹, ›Die Sonnenflöte‹, Romane; ›Der Nigger auf Scharnhörn‹, ›Miss Lind und der Matrose‹, ›Die Begegnung‹, ›Glück und Gischt‹, Erzählungen; zahlreiche Gedichtbände, Sachbücher und die Autobiographie ›Das Tanzrad‹.

dtv großdruck

Hans Leip:
Die Hafenorgel
Gedichte und Zeichnungen zwischen 1910 und 1978

Deutscher
Taschenbuch
Verlag

dtv

Was an Belang
wird die Zeit überdauern?
Ein großes Erschauern
und ein kleiner Gesang.

Neuausgabe
November 1981
Deutscher Taschenbuch Verlag GmbH & Co. KG,
München

Umschlaggestaltung: Celestino Piatti unter Verwendung
einer Zeichnung von Hans Leip
Gesamtherstellung: C. H. Beck'sche Buchdruckerei,
Nördlingen
Printed in Germany · ISBN 3-423-02549-2

Inhalt

Salut

Wenn wir gen Cuxhaven steuern,
wolln wirs ihnen sechsmal feuern,
sechsmal in den Sonnenschein,
und das soll der Willkomm sein.

Rumms!
das gilt der Obrigkeit.
Rumms!
das gilt dem Stetsbereit.
Rumms!
das gilt den Toten all.
Rumms!
das gilt dem Glückszufall.
Rumms!
das gilt dem Liebesleid.
Rumms!
das gilt der Ewigkeit.

Heimweg gegen Morgen

Es ist die fremde Stunde kurz vorm Tagen.
Laut ehern hallt die Straße meinen Tritten.
Vom Baumgezweige ist die Nacht zerschnitten,
von Dumpfheit starr, von Sternen grell beschlagen.

Ein Lampenlicht will einsam fast verzagen
und fischt mit dünner Schnur nach meinen Schritten.
Mein Schatten wird spukhaft davongeritten,
in Schlaf versickernd, wo die Mauern ragen.

Fern dröhnt ein Dampfer, orgelgroß und wild,
so unbarmherzig fordernd ungestillt.
Er ruft und ruft. Was wandre ich noch hier?

Er brüllt mich an und tatzt mein Herz herauf
und reißt mein Blut in seinen Meereslauf,
und fremde Häfen bieten mir Quartier.

Treffpunkt

Vom
Höft her
erbricht sich
ein Taifunheuler,
Die Werften zucken von Nachtschicht.

Fünf
Lampen
benagen
die schwarzen Speicher.
Ich steh am Ponton und warte.

Wars
gestern?
Wars vorm Jahr?
Am Geländer hin
sprachen wir ins trübe Wasser.

Nein!
Dies ist
nicht dein Schritt.
Du gehst verhalten
wie der Blues in der Friskobar.

Wann
kommst du?
Es ist spät.
Der Mond rinnt herab.
Die Fähre schläft. Ich warte noch.

Beim Morgenrot zu singen

Die weißen Möwen auf der See,
sie trinken schon den roten Wein.
Des laßt uns gute Zecher sein,
im Morgenwein kein Sorgenschein,
kein böser Traum tut uns mehr weh.

Die Häuser staunen mäulerweit
und dunsten laut nach Menschenschlaf.
Vom Dache tropft die rote Zeit,
die Straßen zagen fluchtbereit,
die Siele schlucken treu und brav.

Schon rührt sich steil der Molenkopf,
es dröhnt der Schiffe Weltenschrei,
der schlägt das blanke Meer entzwei,
der wühlt der Städte Pracht herbei
und quirlt sie in den Sonnentopf.

Was soll das pompe Hirngewühl
und auch der Allbeglücker Prunk?
Ob Bacchanal, ob Beichtgestühl,
der Kelch ist unser Ich-Gefühl,
drein schütten wir den Freudentrunk.

Seht nun die Fenster, flügelgroß,
darauf die liebe Sonne spielt.
Springt auf aus der Gespenster Schoß,
auf, nestelt eure Hymnen los
und was die Nacht in Gurten hielt!

Die weißen Möwen auf der See,
sie segeln schon im Rosenrot.
So laßt uns gute Segler sein
bei Weltenwind und Sonnenwein
und Sonnenzecher bis zum Tod!

Bootstaufe

Tausendwärts
in die silberne Ferne
lockt uns die Waage der Welt,
lockt uns die See.
Über dem fremden Feld,
über der Meere Unfaßbarkeit
wo blieb das tröstende Licht,
blieben nicht
die innersten Sterne.
Wer vieles sah,
wie selten sah er das Glück,
und gerne
kehrt er zurück
nach Haus.
Zu Hause, da
ist unser Herz.

Unbeschwert
zu sein, das paßt
wohl jedem; aber kein Boot fährt
ohne die richtige Last.

Gut in Trimm
und gut gestaut,
so vertraut
man der wechselnden Kimm.

Fahr denn hinaus
in das große Auf und Nieder,
einem guten Schicksal bereit!
Der Winde uralte Lieder
singen Ade,
singen Ade, Ade
und Kehrwieder! ...
Kehr wieder!

Der Morgen

Des Ostens Schelle
bestürmt die Welle.
Die faßt des Schiffes Rand und Spant
in ihre hohle Hand.

Sie hebt es milde
zum Taggefilde,
daraus die Sonne Blumen bricht
und in die Rahen flicht.

Du, der verborgen
befiehlt dem Morgen,
führ uns aus unsrer Dunkelheit
in deine helle Zeit!

Seemusik

Der Möwe Silberschrei,
der Tümmler Schelmerei,
der Woge Rauschgefieder,
der Brise Segellieder.

Es musiziert die See,
wenn ich am Schanzbord steh;
die vielen Melodien,
sie kommen und sie fliehen.

O, aller Klänge Zier,
die Finger zucken mir,
als wenn sie mächtig faßten
der Sphären blanke Tasten.

Segellied

Wenn alle Tage golden sind,
wiege Welle wiege,
dann seilen zwei Segel in einem Wind.
Wehe wehe Wind.

Sie spiegeln sich im Wasserblau,
wiege Welle wiege,
das eine weiß und das andere grau.
Wehe wehe Wind.

Sie kennen sich, sie trennen sich,
wiege Welle wiege,
verliebte Seelen wie du und ich.
Wehe wehe Wind.

Die Ferne lockt mit falschem Glück,
wiege Welle wiege,
sie finden bald zueinand zurück.
Wehe wehe Wind.

Da kam ein Sturm, und was geschah?
Wiege Welle wiege.
Das weiße Segel war nicht mehr da.
Wehe wehe Wind.

Nun ist das graue ganz allein.
Wiege Welle wiege.
Wann wird es nicht mehr alleine sein?
Wehe wehe Wind.

Das Meergespiel

Die kleinen Tritonen
blasen ihr Muschelhorn
unterm Korallendorn,
darin sie wohnen.

Die Segel verschwellen,
sanft wird der Winde Pfiff,
schaukelt das wackre Schiff
über die Wellen.

So schall mir doch wieder,
wölb dich herauf vom Grund!
Zu dir, du schöner Mund,
beug ich mich nieder.

Inselweh

Der Sonne Bogen schnellte sich,
der Ferne Duster hellte sich,
da zog der Wind den Säuselmund,
da schwalkten wir in Belt und Sund,
und in der Backbord-Webelien
fing sich ein zarter Pinselstrich,
ein Inselstrich,
ein Silbergrün auf blauer See,
ein schmales grünes Inselweh,
das aus der leeren Ferne kam
und morgensüß herüberschien
und unverweilt schon Abschied nahm.

Und scheint es noch so schön für dich,
die Ferne trinkt es hinter sich.
Wir sind der blauen See vernarrt,
die unter unsern Füßen scharrt.
Sie scharrt zum Aufbruch ewiglich.

Regenwind

Neigst du dich, mein süßes Leben,
über diese Nagelbank,
willst du dein Gesicht nicht heben
in des Wetters Niedergang?

Schralt es rund auch um die Sonne,
kuscheln wir doch kuchenwarm
mitten in der Pikaßtonne
jeder in des andern Arm.

Oder ist es nur die Bude,
wo der Grog im Glase schwitzt
und die Tule und ihr Lude
wie ein Spinngewebe sitzt?

Eine Weile, und wir fahren
um den lauen Wendekreis
zwischen Hull und den Kanaren,
wo man nichts von Liebe weiß.

Eine kleine Regenflage
macht das große Meer nicht süß.
Ein paar hübsche Mädchentage
sind noch nicht das Paradies.

Weht der Wind, er weht nicht immer,
ist er manchmal wie dein Hauch.
Eine Koje und ein Zimmer,
Schiff und See, das gleicht sich auch.

Einmal sah ich in der Ferne
eine Wolke wie dein Haar,
und da wollte ich so gerne
bei dir sein auf immerdar.

Immerdar ist schön zu sagen.
Für den Seemann gilt es nicht.
Hafenein- und -aus zu jagen,
ruhelos, ist seine Pflicht.

Nun sodenn, so laßt uns seilen
in dem Kuß- und Küselwind,
da die Tage uns enteilen,
wo wir noch beisammen sind!

Muschemusch

Es sprach die Sonne
Muschemusch.
Da lagen wir im Sand.
Die Wellen sprachen
Muschemusch
und küßten dir die Hand.

Da sprach der Südwind
Muschemusch
und langte in dein Haar.
Ein Dampfer brummte
Muschemusch
und fuhr nach Zanzibar.

Die kleinen Wellen,
Muschemusch,
und was es alles gibt,
das summt und säuselt
Muschemusch
und ist in dich verliebt.
Muschemusch!

Lili Marleen

Vor der Kaserne,
vor dem großen Tor
stand eine Laterne,
und steht sie noch davor,
so wolln wir uns da wiedersehn,
bei der Laterne wolln wir stehn
wie einst, Lili Marleen.

Unsre beiden Schatten
sahn wie einer aus;
daß wir so lieb uns hatten,
das sah man gleich daraus.
Und alle Leute solln es sehn,
wenn wir bei der Laterne stehn
wie einst, Lili Marleen.

Schon rief der Posten:
Sie blasen Zapfenstreich;
es kann drei Tage kosten! –
Kamerad, ich komm ja gleich. –
Da sagten wir auf Wiedersehn.
Wie gerne wollt ich mit dir gehn,
mit dir, Lili Marleen!

Deine Schritte kennt sie,
deinen zieren Gang,
alle Abend brennt sie,
mich vergaß sie lang.
Und sollte mir ein Leids geschehn,
wer wird bei der Laterne stehn
mit dir, Lili Marleen?

Aus dem stillen Raume,
aus der Erde Grund
hebt mich wie im Traume
dein verliebter Mund.
Wenn sich die späten Nebel drehn,
werd ich bei der Laterne stehn
wie einst, Lili Marleen.

Gedenken

Drei rote Rosen gab sie mir
mit ihrer zarten Hand.
Die duften hier, die welken hier,
und wenn sie welken, landen wir
in einem fremden Land.

Da steht ein Mädchen schon bereit,
winkt über Land und Meer.
Sie hat gewartet alle Zeit,
o Abschiedsweh, o Herzeleid,
o süße Wiederkehr.

Und schneidet es, warum du weinst,
dein armes Herz entzwei,
ade, leb wohl, es geht vorbei,
und einmal ist es wieder Mai
und fast so schön wie einst.

Der Kronbaum

So laut die lieben Gäste sind,
weißt du es morgen noch?
Das leise Wort im Wind, mein Kind,
so leis, wie eine Spinne spinnt,
verweht und bleibt uns doch.

Es steht ein Kronbaum zu Shanghai,
voll Blüten stand er da.
Da ging ich bei der Nacht vorbei
und dachte, daß er schöner sei
als alles, was ich sah.

Er wölbte sich im Sternenschaum,
ich stand so fremd allein
und war zu Haus und war im Traum,
da hüllte mich der Kronenbaum
in seine Zweige ein.

O Trostgespiel, o Meereslicht,
wie blühst du fern von mir!
Doch deine Zweige schatten dicht
der Fremde übers Angesicht,
so hältst du mich in dir.

Auf Madeira

Bei São Martinho hinterm Hügel
haben die Berge Flügel,
heben sich sachte wolkenauf,
lassen sich leise wieder zuhauf
rund um uns her.
Keiner sieht uns mehr.

Im Tal die Gärten wie üppige Seide.
Hier oben blüht nur Ginster und Heide.
Es singt ein Hirt aus blauer Schlucht
tröstlich in unsere heimliche Flucht.
Nun ruhen wir aus,
in Ginster und Heide zu Haus.

Der Mond, der goldene Fischerkahn,
segelt die alten Fragen heran,
wirft die Angeln zwischen Kraut und Stein:
Fremde, wann wirst du Heimat sein?
Segle weiter im Wolkenflug,
Mond, und gönn uns den Herzenstrug:
Zwei beieinander sind Heimat genug!

Zwei beieinander, o sehnendes Wann,
o flüchtiges Wieder, o fragliches Dann.
Fremd in der Fremde sehn wir uns an.

Malven am Hafen

Im kleinen Garten
im Hafenrauch,
da stehen und warten
die schönen und zarten,
die Malven auf dich
und die Mädchen auch
und wundern sich.

Und fragen die Sterne,
wo du wohl bliebst
in silberner Ferne,
und hätten so gerne
ihre Schönheit und Lust,
damit du sie liebst,
bei dir gewußt.

Die deiner harrten
in dieser Stadt,
die Malven, sie warten,
so komm, da der Garten
in Freuden noch steht
und eh, was dich lieb hat,
in Trauern vergeht.

Was ich auch tu und sage,
nur dich hab ich im Sinn.
Denn die jungen Tage
sind bald dahin.

Malve am Zaun

Standen wir am Gartenzaun,
war der Wind vom Regen naß,
Malven blühten viel am Zaun,
waren wie dein Kleid so blaß.

Aber eine war wie Grab,
überragte allesamt,
warf im Wind ein Blatt herab,
einen schönen Trauersamt.

Einen schwarzen Flatterling,
und der flog an deine Hand,
küßte deinen schmalen Ring
und verging im Gartensand.

Malve im Wind

Malve wollt tanzen,
hat keinen Liebsten,
Malve wollt tanzen,
nimmt sich den Wind.
Nahm sie den Abendwind,
den mit den katzenblauen Schuhen,
den mit dem jungen roten Blut –
der tanzte gut.

Malve wollt tanzen,
ging ihr zu langsam,
Malve wollt tanzen:
Spring, Wind, mein Wind!
Da sprang der Abendwind,
der mit den katzenblauen Schuhen,
der mit dem jungen roten Blut –
der tanzte gut.

Malve wollt tanzen,
ging ihr zu heftig,
Malve wollt tanzen,
ach, sie zerbrach.
Weg lief der Abendwind,
der mit den katzenblauen Schuhen,
der mit dem jungen roten Blut –
der tanzte gut.

Mädchentraum

Abends bei der Fähre
stieg ein Mann an Land,
fragte, ob ichs wäre
und tat so bekannt
wie ein Anverwandter;
doch ich dachte gleich,
es ist ein Abgesandter
vom Himmelreich.

Ach, ich will nicht klagen,
daß ich ihn verlor
samt dem Spitzenkragen
unterm Hafentor
oder im Gedrängel
vorm Hawaicafe.
Denn er war kein Engel,
er kam nur von See.

Wäre ich ein Junge,
lief von Haus ich fort,
wär mit einem Sprunge
irgendwo an Bord,
würd kein Segel schonen,
jeder Bö vertraut,
hätt in allen Zonen
eine Braut.

Nun lausch ich nur spöttisch,
wenn da jemand spinnt
von dem, was abgöttisch
in mir brennt und sinnt

von den Abenteuern
in der Tropen Pracht,
von den Küstenfeuern
fern in fremder Nacht.

Die Hafentore

Da kamen wir bei Nacht von Land
zu den drei Hafentoren.
Das eine ging nach Tulifant,
das andere nach Schön-Brabant,
das dritte zu den Mohren.

In Tulifant, du weißt Bescheid,
da blüht die Seidenweide.
Das Über-, Ober-, Unterkleid
zu jeder Nacht- und Tageszeit
ist Seide, Seide, Seide.

In Schön-Brabant gehn, welch ein Traum,
die Mädchen ganz in Spitzen.
Das rischelrascht wie Wogenschaum,
und manchmal sieht man's durch den Saum
wie Morgensonne blitzen.

Doch bei den Mohren geht man nackt,
das scheint mir weit bequemer.
Da tanzt man jetzt den Katerakt,
und sonntags wird man angelackt.
Den Lack kriegt man beim Krämer.

Und kommen wir bei Nacht von Land,
was heißt hier, Zeit verloren.
So laßt uns denn gen Tulifant
und ebenso nach Schön-Brabant
und gleichfalls zu den Mohren!

Im Ärmelkanal (1922)

Hier zirpt die Windsbraut anders auf den Kämmen,
hier hat die See Gebirg und Tal.
Nun ist es Zeit, mein Herz, zu schlemmen.
Dies, vielgerühmt, ist der Kanal.

Von Harwich-Hafen flockt noch ein Gefunkel,
welkt hin, und auch das Schiff erlischt.
Und nun ist nichts als Wiege und als Dunkel,
Maschinenrauschen, Wind und Gischt.

Schrei auf, mein Herz, obgleich der dumpfe Kasten
von Küste nur zu Küste hetzt,
fühl, wie die Tiefen nach dir tasten,
das Unbegrenzte, das dich letzt!

Wer sprach von Ceylon und von Kapstadts Eden
und wie sie tanzen nachts im Veld,
von Haiti, und nicht zu reden
von Rio und, halloh: Die Welt!

Ein Englischmann, ein nüchtern alter Junge,
der zählte dies wie Bankschecks hin,
und, Gott, sie blühten ihm auf seiner Zunge.
Nun blüht die Fremde mir im Sinn.

Herum den Kurs! Ich will nicht wieder landen
im Spinngeweb des Heimatlichts
bei Mund und Augen, die mich banden.
Gott, reiß mich frei, wirf mich ins Nichts!

Schon steh ich hell zugleich auf allen Zonen,
von Pol zu Pol zück ich den Blick:

Ich will in Paradiesen wohnen!
Komm: Freiheit, Fülle, Friede, Glück!

Doch ach, was wendet schmerzlich mir den Nacken
und drückt mich in mich selbst hinein!
Dort drinnen glühn die alten Schlacken,
und Nebel hüllt die Fernen ein.

Und abgestürzt in meine arme Seele,
horch ich in diesen tollen Wind.
Komm wieder! singt es aus verborgner Kehle:
Vergiß die Heimat nicht, du Kind!

Anne Bonny

Die Bahamas, die Bahamas
in Westindia
sind herrliche Inseln
querab Florida.
New Providence Eiland
war besonders verrucht
durch die Seeräuberhorden
in der Nassau Bucht.
Anne Bonny, Anne Bonny
sah dort Calico Jack
unter all dem Gesindel
und gleich war sie weg.

Blau rollt die Brandung.

Jack Calico hatte Muskeln
wie ein Raubritterroß,
und er traf meistens immer
wenn er schoß.
Und draußen im Dreck lag
bald Annes Mann.
Denn wann wars je, daß Jacky
die Partie nicht gewann?
Und er hißte den Jolly Roger,
Anne Bonny war dabei,
und sie hausten an Bord dann
verliebt und vogelfrei.

Blau rollt die Brandung.

Zu den beiden als Matrose
getarnt stieß Mary Read,
und sie bildeten zusammen
ein Piratenterzett.
Wo sind sie geblieben?
Gehenkt und verweht,
wie es allen Bösewichtern
manchmal ergeht.
Doch noch heute am Strand,
da findet man sie,
die Anne und die Mary
im Bikini.

Blau rollt die Brandung.

An der Bar auch, was meinst du,
mit zügigem Scheck
trinkt beherzt seinen Gin fizz
Calico Jack.
Auch Jan der Segelmacher
und Pat und Smit
und Betsy und die Witwe,
die spielen mit.
Smarter Fremdling, sag nie dort:
Zum Satan, die Bill
ist piratisch gepfeffert!
Nein, lächle still
und schweige und zahle
den Sündenlohn.
Denn, was hier in der Luft liegt,
ist Tradition.

Blau rollt die Brandung,
weiß schäumt der Gischt,
der doch niemals, was gewesen,
was gewesen ist, verwischt.
Und die Vorsehung läßt mit sich spaßen
scheinbar sehr oft,
aber selten so lange,
wie mancher hofft.

Weit hinter Rio

Weit hinter Rio
da sitzt ein Mann beim Gin,
die Mädchen gehn vorüber
und sehn nicht nach ihm hin.
Im Hafen glühn die Lichter,
im Herzen ist es Nacht,
das Heimweh, das Heimweh,
das ist darin erwacht.

Heimat, Heimat,
wie liegst du so weit,
weit hinterm Himmelsrand
liegt die schönste Zeit,
weit über Meer und Land
schwingt mein Herz hinaus,
einmal noch bei dir zu sein,
einmal noch zu Haus.

Würfel und Karten,
so geht die Nacht vorbei.
Was blitzte in die Sterne?
Ein Messer und ein Schrei.
Er leerte bis zur Neige
der Fremde bittern Reiz.
Gleichgültig blinkt hernieder
des Südens bleiches Kreuz.

Einmal rund um Kapstadt

Wenn es wieder Frühling wird, Alli,
dann ist grad die wunderschönste Zeit;
rund um Afrika, das ist nicht weit,
einmal rund um Kapstadt und Port Said,
dann bin ich schon wieder da, Alli.

Bei der Hochzeit, weißt du noch, Alli?
So mit Quetschkommode und Hurra,
und die großen Dampfer fern und nah
summten uns das schönste Gloria.
Doch du hast dabei geweint, Alli.

Weit über See,
da liegt ein Land,
das noch keiner fand.
Das heißt Nie-Ade.

Bleib ich einst bei dir zu Haus, Alli,
unser Kind und das ist dann schon groß,
dann ist mit der Seefahrt nichts mehr los,
und es fährt huschhusch mit Flugzeug bloß
und ist immer schnell zurück, Alli.

Aber ich gehör auf See, Alli,
wo ein Schiff noch auf dem Wasser fährt
und viel Schweiß und Arbeit zugehört,
bis der Seemann manchmal wiederkehrt.
Und nun wolln wir lustig sein, Alli.

Weit über See,
da liegt ein Land,

das bleibt ewig unbekannt
und heißt Nie-Ade.

Denn du weißt

Der Tag war vorbei
und der Abend schon da,
und die Lampen brannten am Pier.
Das Schiff lag am Kai,
da kamst du von Bord,
und da kamst du herüber zu mir.
Den Hafen entlang
Matrosengesang,
doch ich sah mich nicht danach um,
denn ich sah nur dich
und du sahst nur mich
und vor Freude waren wir stumm.

Denn du weißt, es gibt diesen und jenen,
den man kennt, ja, den man so kennt.
Und den einen hat man ganz gern,
und den andern lieber von fern,
doch nach dem dritten muß man sich sehnen
mit Tränen,
wenn man seinen Namen nennt.

Warum willst du denn fort,
warum bleibst du nicht hier?
Ach, die Welt ist so weit und so leer,
und dein Mund ist so gut,
doch nun sagst du kein Wort,

und du sprichst nicht von Wiederkehr.
Dein stummer Kuß,
ist das nun der Schluß?
Mein Herz, was wird nun mit dir?
Übers Land, übers Meer
ruft es hinter dir her:
Komm wieder, komm wieder zu mir!

Denn du weißt, es gibt diesen und jenen,
den man kennt, ja, den man so kennt.
Und den einen hat man ganz gern,
und den andern lieber von fern,
doch nach dem dritten muß man sich sehnen
mit Tränen,
wenn man seinen Namen nennt.

Kindlein vor der Tür

Kindlein vor der Tür,
klopfendes Erwarten,
kleines liebes Noch nicht Atmen,
wie denn sollen wir die zarten
Fingerlein dir grüßen
und das unentfaltete Gesicht,
wie die arge Welt
in einen schönen Garten
wandeln dir, wie deinen Füßen
sanfte Wege schaffen denn?
Kommst aus deinem warmen Zelt,
süßes Ungewiß,
über dir da schwang
ein großes Herz als Sonne dir
und Mond und war genug
und war Gesang,
und hattest vollauf Speise
und Getränk, o Kindlein vor der Tür.
Nun denn soll die bange Reise
in das Für sich selber sein
beginnen, das sich immer heimwärts tasten
möchte zur Geborgenheit zurück
und sich doch gewöhnt und es vergißt,
ruhelos der Himmel viel durchmißt
seinem Leide nach
und seinem Glück.
Aber du, du Anbeginn,
bist so voll Unendlichkeit,
als trügst zu aller Dinge Sinn
den Schlüssel schon bereit.
Ach, daß wir bescheiden blieben

und dich lieben,
wie du bist
und sein wirst und den rauhen Tag
eroberst und die allgemeinen Plätze
und die ungehobenen Schätze
unklug oder klug.
Nein, wir wollen dich nicht sehr belasten
mit verklärter Hoffnung Zier.
Kindlein vor der Tür,
kommst du auch in eine arme Zeit,
schaun dir doch, großmächtiger als wir,
die uralten Sterne zu,
und ein jeder tut von seinem Licht
dir ein wenig in den Schuh;
und da geht er deinen Pfad mit dir
auch in unserer großen Finsternis
und irrt sich nicht.

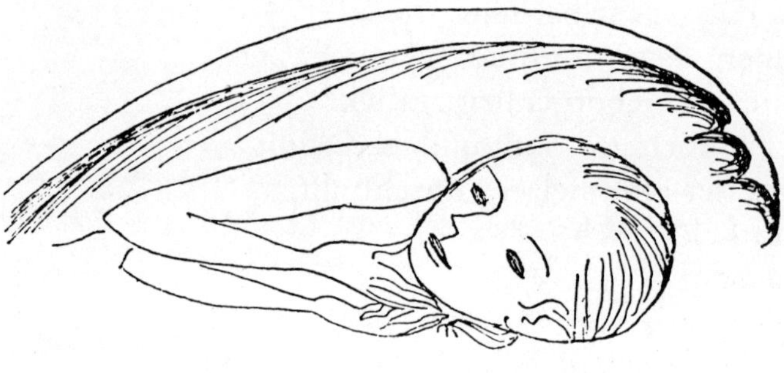

Kringelwind

Schwupp, von Nordwesten
dümpelt die Dümpelbö,
dümpelt alle Wellen
und die Röcke in die Höh.

Grün sind die Bülgen,
blau ist das Himmelblau,
aber deine Strümpfe
sind miezemausegrau.

Miezemausegraue Seide,
nordwestern Kringelwind,
du und wir beide
freun uns wie'n Stint.

Lieb mich und küß mich
hundert mal hunderttausendmal
aus den miezegrauen Wolken,
kleiner grüner Sonnenstrahl!

Törn to

Kap Hoorn und so
schon achteraus gelegen,
und stets gut bei Brise,
das mag man wohl mögen.
Manches geht schief,
und manches geht klar,
und so rutscht man durch die Wellen
Jahr um Jahr.
Na, denn Prost!
Ein Trost
bleibt ja, wie Rasmus auch tost:
Rechtzeitig zufassen,
daß man das können kann, nicht wahr?
Und rechtzeitig loslassen!
Prost!

Schraligen Wind
und stetiges Segeln,
das macht erst Kerls
aus Jungs und Flegeln,
das ölt die Knochen
und befeilt das Gehörn
und gibt den Begriff
für den richtigen Törn.
Törn to!
Anderswo
meckert jeder nach seinem eigenen Schapo,
aber an Bord
achtern oder vörn
gilt für jedweden das gleiche Wort:
Törn to!

Hinter der See
hinter den Stürmen
liegt manch eine Küste
mit Grünzeug und Türmen,
mit Straßen und Rummel,
mit Zartheit und Herz.
Aber das Glück? Nicht immer
liegt es nur hafenwärts.
Also ran!
Wer will, der kann,
wer lebt, der faßt das Leben an.
Wo er auch seilt,
es ist an Vergnügen wie Schmerz
jedem sein Part zugeteilt.
Immer ran!

O Jonny

Die erste Reise war angenehm.
Die zweite Reise war unbequem.
Die dritte Reise war gesund.
Die vierte Reise kamen wir alle auf den Hund.
O Jonny!

Der Käptn zischt mir einen schiefen Blick.
Der Stürmann zischt mir einen ins Genick.
Der Bootsmann zischt mir einen Klotz ans Bein.
Der Smutje zischt mir einen kleinen aus dem Buddel ein.
O Jonny!

Wir sahen eine Seekuh, und die war blond.
Wir haben uns bei Palmen und Eisbärn gesonnt.
Wir überlebten manchen Hafen und manchen Orkan.
Doch am schönsten sind die Mädchen auf der Reeperbahn.
O Jonny!

Einmal noch nach Bombay,
einmal nach Shanghai,
einmal noch nach Rio und einmal nach Hawai.
Einmal durch den Suez
und durch den Panama
wieder nach Sankt Pauli,
Hamburg-Altona.

Jan Büdel

Jan Büdel bam bo,
der fing einen Floh,
den wollt er dressieren,
das Großseil zu fieren.
Doch das gelang nicht bambüdel bambutsch,
das Großsegel ging dabei futsch.

Jan Büdel bam ba
einen Klausner ersah,
Den wollt er verführen,
sich für ihn zu rasieren,
doch das gelang nicht bambüdel bambuß,
sein Bart wuchs ihm bis untern Fuß.

Jan Büdel bam bei
nahm sich einen Lakai.
Den wollt er bewegen,
sich für ihn ins Grab zu legen.
Doch das gelang nicht bambüdel bambaß
Jan Büdel biß selber ins Gras.

Jan Büdel bam bor
vor dem himmlischen Tor.
Da braucht er keinen andern,
wollte selber einwandern.
Doch das gelang nicht bambüdel bambein,
Petrus ließ einen andern hinein.

Jan Büdel bam böll
lief nun stracks vor die Höll.
Da schnurrt er wie ein Kätzchen:

Gönnt mir doch ein klein Plätzchen!
Doch das gelang nicht bambüdel bambaus,
die Teufel, die lachten ihn aus.

Jan Büdel bam bumm,
der schwebt nun herum.
Möchte jeden piesacken,
sich für ihn abzuracken.
Doch das gelingt nicht bambüdel bambischt,
wenn er dich nicht, grad dich nicht erwischt.

Die Brücke Tuledu

Auf der Brücke Tuledu
gehn die Mädchen ab und zu.

Hell und duster, groß und klein,
welche wird die Schönste sein?

Jene Schlanken, blond von Haar,
geben tags das rechte Paar.

Doch die Schwarzen, scharf und jung,
küssen gut zur Dämmerung.

Und die Roten, schwül und drall,
sind zu Haus der rechte Fall.

Kühl und keck den Knabenschnitt
nimmt man gern auf Reisen mit.

Dunkle Locken, ringelkraus,
drehn das Licht von selber aus.

Ascheblonde, fitzefein,
liebt man nur bei Mondenschein.

Nur den Sanften, bronzebraun,
soll man gegen Morgen traun.

Und was sonst noch möglich ist,
die sind gut zu jeder Frist.

Sieh, mein Jung, du weißt Bescheid:
nichts ist für die Ewigkeit.

Auf der Brücke Tuledu
gehn die Mädchen – lang man zu!

Jimmy Jim

Als Jimmy Jim zum Tanzen ging,
Hüftbein, Schulterblatt und Knie,
da tanzt er wie ein Schmetterling,
die Zunge ihm zum Hals raushing,
so tanzte er noch nie.
Bitte!
Immer ran an die Damens,
wieder weg von sie,
ran an sie,
rum mit sie!
Er schwitzte wie ein Vieh.

Als Jimmy Jim beim Tanzen war,
Hüftbein, Schulterblatt und Knie,
der ganze Saal kam in Gefahr,
da machte man ihm dieses klar,
so tanzte er noch nie.
Bitte!
Immer ran an die Damens,
wieder weg von sie,
ran an sie,
rum mit sie!
Bis daß er Kusen spie.

Als Jimmy Jim vom Tanzen kam,
Hüftbein, Schulterblatt und Knie,
da war er lahm, da war er zahm,
da flucht er auf den ganzen Kram,
so tanzte er noch nie.
Bitte!
Immer ran an die Damens,
wieder weg von sie,
ran an sie,
rum mit sie!
Nie wieder, schrie er, nie!

Nächtliche Ruhestörung

Klock Mitternacht kam ein Matrosengang
die pikfeine Gartenstraße entlang,
ahoi und rums hallo.

Er wollte, verdorri, zurück an Bord
und steuerte falsch, drei Strich zu Nord,
ahoi und rums hallo.

Und sang, mein Gott, und schlug nicht fein
den Takt mit der Hacke auf den Bürgerstein,
ahoi und rums hallo.

War bloß ein kleiner Schanty von See,
von Versumpfen, Versaufen, mein Schatz ade,
ahoi und rums hallo.

Die Einwohnerschaft, die schön und tief
hinter den zuen Gardinen schlief,
ahoi und rums hallo,

die wachte nacheinander auf;
denn das eklige Lied, das brüllte herauf,
ahoi und rums hallo.

Und griff durch Store, Jalousie und Rouleau
an die schlafwarmen Herzen, und das war roh,
ahoi und rums hallo.

Und war so kalt, so laut, so leer,
so roh, so rauh wie das graue Meer,
ahoi und rums hallo.

Ein Blitz, ein Putz kam herbeigeeilt,
doch da war das Lied schon davongeseilt,
ahoi und rums hallo.

Die feinen Kissen, die knirschten erbost
und suchten beieinander Trost,
ahoi und rums hallo.

Aber die Wittfrauen und die Jungfräulein
schliefen die ganze Nacht nicht mehr ein.
Ahoi und rums hallo.

Der grüne Wagen

Es geht ein grüner Wagen,
rumpumpel hottehü.
Wir haben uns vertragen,
tri tra tragen
die Nacht bis morgens früh.

Er war nur ein Matrose,
rumpumpel ho ahoi.
So blau wie seine Hose,
hi ha Hose,
doch nicht wie blau so treu.

Wir liebten uns in Eile,
rumpumpel windewind.
Schnurz auf die Langeweile,
wi wa weile,
viel Kummer und ein Kind.

Ein Kind mit roten Locken,
rumpumpel klingeling.
Es läuten alle Glocken,
kling klang Glocken,
dann wird es Königin.

Wird Königin von Polen,
rumpumpel ei juchhei.
Hat immer Brot und Kohlen,
ki ka Kohlen
und jeden Tag ein Ei.

Und fährt an allen Tagen,
rumpumpel sieh mal da,
in einem grünen Wagen,
wi wa Wagen,
so schön wie die Mama.

Der Dreck spritzt von den Wegen,
rumpumpel trippetrab.
Es kommt ein strammer Regen,
ri ra Regen,
der wäscht ihn wieder ab.

Vitalier

Wo willst du denn hin,
wohin, mein Sohn?
Nach See, nach See!
Da gibt es nur Arbeit
und Hungerlohn
wie der Wind, der Wind auf See.

Da gibt es nicht Mein,
da gibt es nicht Dein
auf See, auf See,
und jedermann steht
für jedermann ein
wie der Wind, der Wind auf See.

Unser der Tag
und unser die Nacht
auf See, auf See,

und unser die Freiheit,
das Recht und die Macht
wie der Wind, der Wind auf See.

Was andre geschachert
mit Krämerlist
auf See, auf See,
wir ernten, was Gott
unsern Segeln zumißt
wie der Wind, der Wind auf See.

Wir kamen an Land,
die Taschen voll Moos
von See, von See.
Spielt auf, Musikanten,
Hein Seemann ist los
wie der Wind, der Wind auf See!

Was weinst du, Deern,
und das Herz tut dir weh?
Nach See, nach See!
Ich kann ja nicht bleiben,
ich gehör ja auf See
wie der Wind, der Wind auf See.

Das weht nicht schlecht,
wir gehn noch kapseis
auf See, auf See.
Wir seiln wie der Satan,
wohin niemand weiß,
wie der Wind, der Wind auf See.

Da nahm man uns hopp,
und das war nicht zart
auf See, auf See.
Der Fronvogt sprach
in den roten Bart
wie der Wind, der Wind auf See:

Ihr habt gehunzt,
ihr habt gehaust
auf See, auf See,
nun horcht, wie mein Schwert
wie der Sturmwind saust,
wie der Wind, der Wind auf See!

Das Segel wird morsch,
und die Rah zerspellt
auf See, auf See.
Nur des Menschen Lust
hat Bestand in der Welt
wie der Wind, der Wind auf See.

Reiterin

Eine kleine Weile
muß ich vor der Türe stehn.
Dann heißt es: Eile!
Laß dich sehn!

Ein Zelt aus Leinen,
Lichter und Manegesand,
Hundert Blicke wie einen
am Band.

Dies ist die Volte,
der Salto dies, der Todessprung.
Ob ich hier fortgehn sollte?
Ich bin jung.

Ein Herr kam geschritten,
ein Herr vom Mittelrang.
Heute abend, dürft ich bitten?
Vielen Dank!

Punkt zehn kam er gegangen,
hochnobel stand er da.
Er tätschelte mir die Wangen
und sprach von Afrika.

Da gäb es Beduinen,
die müßt ich reiten sehn,
fast könnt ich es gleich ihnen.
Ich ließ ihn stehn.

Über Schönheit läßt sich streiten,
einen Film sieht jedermann,
aber ich kann reiten,
wie nicht jeder kann.

Heute im Gewimmel
ein Pusserl für mittlere Herrn,
aber morgen oder im Himmel
ein Stern.

Ein Stern beim himmlischen Wagen,
da gehör ich hin;
denn ich bin, mehr ist nicht zu sagen,
eine Reiterin.

Die schwebende Jungfrau

Meine erste Liebe war
eine Dame auf dem »Dom«,
und sie kam wie jedes Jahr
als das »schwebende Phantom«.

Über ihrer Bude schwang
sie auf mächtigem Plakat
engelgleich im Schwebehang
ohne Spur von Apparat.

Still gab ich den Groschen hin,
stand gespannt im grauen Zelt,
und sie ward als Königin
ihres Faches vorgestellt.

Lila Seide ihr Gewand,
ach, wie war sie zart und klein!
Und ein Mann mit bleicher Hand
schläferte sie redend ein.

Nieder sank sie, steif und stumm.
Wie ein Holz ward sie gelegt
auf ein Sammetpodium
und blieb vorerst unbewegt.

Als er nun darüberstrich,
und noch glaubte man es kaum,
da, ganz langsam hob sie sich
seiner Hand nach in den Raum.

Und verhielt wohl augenhoch,
und ein Reifen, den er frei
über ihren Körper zog,
war Beweis, wie echt es sei.

Von der bleichen Hand gelenkt,
ward sie langsam wie ins Grab
auf den Samt zurückgesenkt,
ward erweckt und sprang herab.

Ob sie wohl ein Engel war?
Ich war gleich in sie verliebt.
Mancher glaubt noch manches Jahr,
daß es wirklich Engel gibt.

Und sie trat zu uns herab
mit dem Teller. Ach, gering
war, was ich ihr bebend gab.
Bleib! so sprach sie. Doch ich ging.

Wartete, wo hinterm Zelt
ich den bunten Wagen fand.
Rings die Nacht war grell erhellt,
während ich im Dunkeln stand.

Spät kam sie und müd heraus.
Staunend faßte mich ihr Blick;
doch dann lachte sie mich aus
und verriet mir ihren Trick.

Erde ist der Augen Preis,
irdisch bleibt, was uns erscheint,

und kein Reifen ist Beweis
dessen, was das Herze meint.

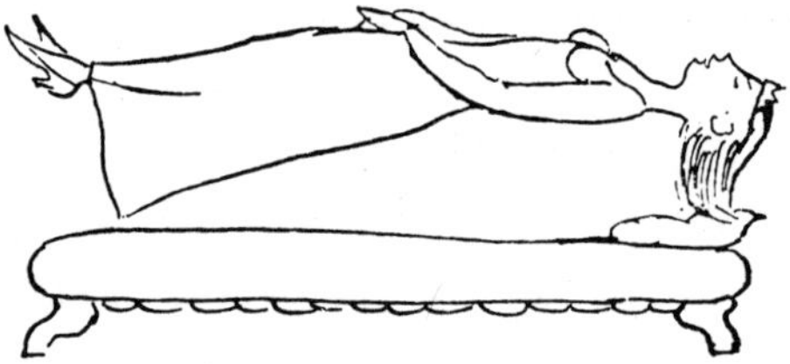

Seefischküche

Da schwang ein brauner Brutzelduft,
und mir befahl mein Magen,
mich aus der Straßen Hungerluft
in das Lokal zu wagen.

Da sah ich auf dem Marmortisch
Butt, Knurrhahn, Stör und Quappen,
Steinbeißer, Goldbarsch, Katzenfisch
still durcheinander schnappen.

Das roch nach See, das roch nach Salz,
nach silbergrauen Weiten.
Und weiterhin roch es nach Schmalz,
nach Mahlzeit und Bereiten.

Des Koches rotbesterntes Weiß
sah ich den Fang durchklauben.
Er sang der Fischlein Lob und Preis
und ließ sie daran glauben.

Sie gingen frei von der Beschwer
des Eingeweids von hinnen,
ein in das heiße Dunkelmeer,
von dem die Alten spinnen.

Da schwammen sie im Siedeschmant,
Dorsch, Schnepel und Makrelen.
Ist das, sprach ich zum Koch gewandt,
der Himmel ihrer Seelen?

Der Koch hob seiner Mütze Dom:
Ob ich ihn uzen wolle?
Und wies mich in den Gästestrom,
wo ich bestellen solle.

Als ich dann vor dem Teller saß
und die gesottnen Teile
vom Leiterspiel der Gräten aß,
da war mir eine Weile,

als sei in mir die tiefe See
von Hornsund bis Kap Landsend

und all der Fische Lust und Weh
drin auf und nieder tanzend.

Mein Herz inmitten ungestüm,
halb Haifisch und halb Flunder,
bald Lilie, bald Ungetüm,
ein staunenswertes Wunder.

Und einmal warf ein Kutter prompt
sein Netz zum Meereskeller
und fing mein Herz. Und wie es kommt,
es kam auf meinen Teller.

Da packte ich die Gabel fest.
Verflixtes Hirngefunke!
Und deckte meines Herzens Rest
mit Senf und Lorbeertunke.

Die Bar zu Albemarl

In der Bar zu Albemarl
saß ein Mann mit Namen Karl,
starrte trübe vor sich hin
und trank Lagerbier mit Gin.
Schluckschluck ganz allein
durch die Kehle in die Seele tief hinein.

Trat ein Mädchen in die Bar,
Das im Dienst des Höchsten war,
sang dem Herrn ein neues Lied,
das sich gegen Karl entschied.
Gluckgluck Bier und Gin!
Durch die Kehle hat die Seele kein Gewinn!

Karl hob seinen Blick und fand,
daß ihr manches reizend stand.
Ganz scheinheilig sprach er: Komm!
Mach mich armen Sünder fromm!
Ruckruck immer ran!
Deine Kehle, süße Seele, tuts mir an.

Und er goß ihr ein von dem,
was ihm galt als angenehm.
Sie bedankte sich und schwieg,
bis der Gin ihr aufwärts stieg.
Huckhuck nach und nach
durch die Kehle in die Seele unters Dach.

Da, oho, belehrte sie
ihn und zwang ihn auf sein Knie.
Aber sie saß bald danach

selber drauf. Das Fleisch ist schwach.
Guckguck wie intim!
An der Kehle hing die Seele schluchzend ihm.

Singt und klingt nun mit Gewalt,
daß es um den Erdball knallt
bis zum Südpol und zurück:
Liebe heißt das wahre Glück!
Singt es fern und singt es nah
mit der See- aus voller Kehle.
Halleluja!

Das Abschiedsmahl

Der Dampfer pfiff so sonderbar:
Tuut, mein Tappel, tuut.
Da war uns beiden bitter klar:
Ut!

Er geht wohl auf die wilde See:
Tuut, mein Tappel, tuut.
Ich kuck allein in Luv und Lee
ut.

Und geht er unter, kleine Frau:
Tuut, mein Tappel, tuut.
Dann fressen mich die Kabeljau.
Ut.

Die Kabeljau, die Butt, die Stint:
Tuut, mein Tappel, tuut.
Die umgekehrt bekömmlich sind.
Ut.

Und wenn du einen Bückel ißt:
Tuut, mein Tappel, tuut.
Denk dessen, der dich nie vergißt!
Ut.

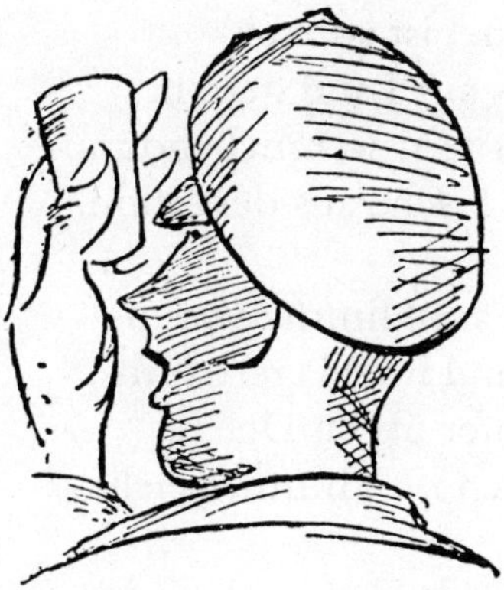

Hof im Koog

Es heißt ein Koog im Himmelreich,
es liegt ein Marschhof hinterm Deich,
Vieh weidet fett im fetten Gras,
der Knecht ist braun, die Magd ist blaß.

Es murrt der Knecht von ungefähr,
daß er viel lieber Seemann wär.
Barfuß die Magd zum Melken geht,
die Sonne ihr zur Seite steht.

Der große Himmel ist so weit
mit Gräben rings ans Land gereiht,
die Magd scheint fern so mückendünn.
Der Knecht holt Fische aus der Bünn.

Ein Kiwitt klagt am Himmelssaum,
es pflückt ein Wind im Magerbaum,
es ruft ein Dampfer übern Deich,
es welkt ein Rauch im Himmelreich.

Der Knecht schneidt stumm das schwarze Brot,
das Messer loht von Abendrot.
Der Herr blickt stumm, die Frau nickt stumm.
Die Magd rührt stumm die Suppe um.

Der Nebel rollt durchs Weidentor,
er reicht dem Kälbchen bis ans Ohr,
darein der Mondmann Märchen sagt.
Es schläft der Knecht. Es weint die Magd.

Die Sonne übers Kimmfeld schwimmt,
der Knecht sein armes Bündel nimmt,
ein andrer Knecht am Gatter steht,
barfuß die Magd zum Melken geht.

Glückstadt

Zu Glückstadt war das Glück uns hold.
Da tranken wir Rum, der war nicht verzollt.
Bis daß der grüne Zöllner kam
und es ein Ende nahm.

Im Westen steht eine Wolkenbank,
wo unser Kurs in die Binsen sank.
Da hatten wir die liebe Stadt
und auch die Liebe satt.

Fortuna auf dem güldnen Ball,
wann bläst der Wind von überall,
wann bläst der Wind raum Ost zu Nord?
Lebwohl, dann müssen wir fort.

Der Fisch

Da zäumt ich meinen blanken Fisch
nach Westen auf die Bänke;
da saßen alle Mann bei Tisch
in der ertrunknen Schenke.

Sie saßen da und waren stumm,
Kapteine und Matrosen,
und tranken einen kalten Rum,
der ging gleich durch die Hosen.

Und als es sieben Glasen schlug,
da hoben sie die Ohren
und nahmen einen vollen Zug
auf das, was sie verloren.

Und jeder räusperte sich laut,
erlöst von allen Sorgen,
und pries vertraut die holde Braut
wie einst am Hochzeitsmorgen.

Auch eine dralle Stewardeß
saß in der Back inmitten,
die war von einem Royal Expreß
jüngst über Bord geglitten.

Sie horchte eifrig um und um
und schrie zuletzt nach Taten;
doch ach, und nur der kalte Rum
rann durch die stummen Maaten.

Da sah sie mich in meinem Traum,
packt mich am Ellenbogen;
ich, auch nicht faul . . . doch wie ein Schaum
zerging sie in den Wogen.

Da briste es so rosig frisch
hoch auf den Dampferwegen,
da zäumt ich meinen blanken Fisch
dem neuen Tag entgegen.

Oevelgönne

Oevel-Oevelgönne,
buddelbunter Butt,
sah ich sieben Segel
mittenmang im Mutt.
Junge, in die sieben
muß ich mich verlieben.

Oevel-Oevelgönne,
Moije Milchmannsmagd.
Ob ich es wohl könne,
hat sie mich gefragt,
ihr das Schuhband lösen
mit den siebzehn Ösen.

Oevel-Oevelgönne,
kleine Muggepick
blieb verdimmich stecken
mittenmang im Schlick.
Mädchen, nimm dein Hemde,
denn es kommen Fremde.

Ling-long-läre

Der Mondwind strich vom buttergelben Meere,
wo ihn die Einsamen als Beichtvater halten.
Von ungeküßten Sünden war er fett gemacht.
Was fiel aus seinen Mantelfalten?
Ein kleiner Abend, der hieß Ling-long-läre,
es war fast eine kleine Nacht.

In Wolken schmolz sein Lama-Angesicht,
verkappter Kuppler stieg er auf ein Haus.
Er fingerte den Mädchen unters Kinn,
goß ihre Süße rund mit Silber aus,
hob ihre Säume, trieb Magie mit Licht
und warf den Abend wie ein Buttnetz hin.

Da fing der Abend uns in seinen grünen Maschen.
Und alle Häuser fingen an zu springen
und klirrten Gold aus ihren Fenstertaschen.
Und die Hafenbäume, die so verdreckt und mager sind,
die hüpften wie als Wiesenkind.
Und alle Lampen fingen an zu singen:
Ein kleiner Abend, der hieß Ling-long-läre.
Es war fast eine kleine Nacht.

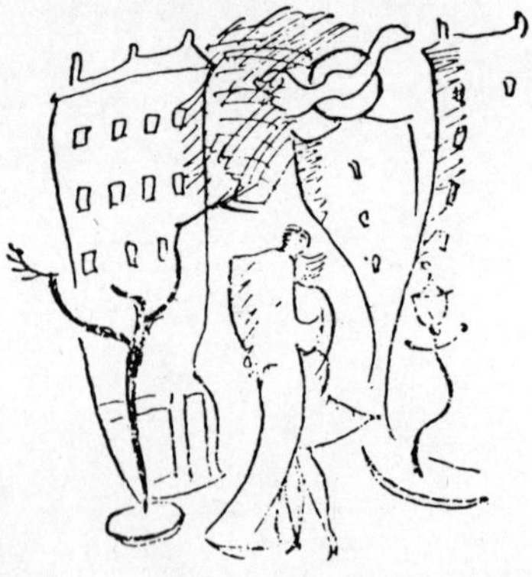

Santa Kathrin
(Lied unter einer alten Galionsfigur)

Santa Kathrin, auf Erden ist es kalt,
aber bei dir da ist es warm.
Santa Kathrin, nimm uns wieder bald
in deinen himmlischen Arm!

Santa Kathrin, die Musik die ist laut,
aber dein Mund und der ist süß.
Santa Kathrin, prost, kleine Braut
im himmlischen Paradies!

Dein ist das Wasser, dein ist der Wein,
dein ist auch Brot, Fleisch und Fisch.
Santa Kathrin, lad uns auch ein
zu deinem himmlischen Tisch!

Santa Kathrin, was säuselt vor der Tür?
Prost, das ist Rasmus, unser Wind.
Santa Kathrin, der bläst uns fort von hier,
wo auch andre Mädchen sind.

Berge und Palmen steigen aus der See,
Santa Kathrin, das ist das Land.
Santa Kathrin, die Schiffe auf der See
lenkst du mit deiner kleinen Hand.

Sagt nun Kehrwieder, sprecht nun Farewell,
ehe die Winde sich verziehn!
Backbord das Ruder! Und einmal noch schnell,
einmal noch Santa Kathrin.

Santa Kathrin, wir haben dich gern,
Santa Kathrin und schenk uns was!
Santa Kathrin, was brauchen die Herrn?
Ein Glück und ein Glas.

Ein Mädchen von der Wasserkante spricht zum Großvater

Laß man nu den rührseligen Kram,
mein klein guten alten Opivater!
Auch der längste Walfisch wird mal zahm,
und husch, husch, die Katz, die holt der Kater.
Und der Schutzmann holt den Bösewicht.
Wenn er ihn kriegt.
(Nee, Grog ist dies nicht.)
Und den Seemann, hol's der Teufel, holt die Gicht.

Und das kommt von der verfluchten See.
Und vom Grog – nicht? Trink man deinen Tee!
Kuck, da fährt so'n dicken Sottjekasten.
Kannst auch gut von deinem Bett aus sehn?
Nein, das ist kein Seilschiff zu vier Masten.
Muß ja allens mal vor Anker gehn.
Klar, daß manches glatt im Himmel weilt
(Womit dir's ja noch nicht eilt).
Alles, womit du auf See geseilt,
kriegst du frisch geteert da zu Gesicht.
Trink, old Zälor, ist ja für dein Gicht! –

Blau ist die See in Honolulu-Bay.
Und bei Tamatave weht der Wind von Land.
Und viel Schiffe trafen sich im Hafen.
Und viel Mädchen standen da am Strand.

Ja, die runde Welt, wer das so kann,
sich so zu erinnern augenblicks,
China, Golden Gate –. Solch seebefahrnen Mann!
Wenn Mama auch sagt, sie taugen nichts.
Und sie hat ja auch was durchgemacht.

(Er wollt schreiben, hatte er gesagt.)
Aber du hast oft was mitgebracht,
und die Schlangenhaut trag ich als Schal
heute noch. Nun komm, trink man noch mal!

Weißt du, wenn du abhaust, wird es flau
wegen deiner Rente mit uns beiden.
Aber Seemannskinder sind ja schlau,
und Mama wird's reichen zum Bekleiden.
Glaub mir, ich werd hier den Kram schon schmeißen.
Nee, so leicht laß ich mich nicht be-
(scheinheilig tun sie alle, eh sie beißen).
Hast nun aus? Ach, schön, mein guten O!
Und nun träum man süß von allerwo!

Blau ist die See in Honolulu-Bay.
Und bei Tamatave weht der Wind so brav.
Und die Schiffe schlafen schon im Hafen.
Und nun schlaf auch du, mein guten Opa, schlaf!

Die Mondkurre

In der Himmelssee
muß man sich placken,
damit es sich lohnt
bei der Sternfischerei.

Orion heißt mein Boot,
Mars ist mein Topplicht,
die Venus mein Lot,
meine Kurre der Mond.

Die Mondkurre soll
zum Teufel versacken!
Es tagt, und ich hab nicht
einen Fingerhut voll.

Der Schiffsknecht

Es fuhr ein Schiffsknecht auf die See,
sansela, sansela See.
Sein Netz, das tat den Fischen weh,
sansela, sansela See.
Da sah er drei Sterne aufleuchten,
sie leuchteten wohl auf des Meeres Grund,
sie sangen ihm zu mit goldenem Mund.
Sansela See bei western Wind,
kurre die kurre ja Wind.

Sie sangen vom goldenen Himmelreich,
sansela, sansela See.
Dem Schiffsknecht wurden die Augen bleich,
sansela, sansela See.
Er ließ sein Netz auf dem Grunde
und seilte heim an den sicheren Ort.
Die Sterne sangen immerfort.
Sansela See bei western Wind,
kurre die kurre ja Wind.

Heimweh

Weißt du noch zu Haus,
wo der Flieder stand?
Und im Flieder sang der Star.
Übers Feld hinaus
in das grüne Land,
wo die See dahinter war.

Hinter Lizard Kap
liegt das Meer, das Meer,
und wir reisen unsre Zeit.
Brist ein Lüftchen knapp,
brist von Osten her,
und da liegt die Heimat weit.

Keine Blume blüht
und kein Vogel singt
auf der schattenlosen See.
Nur die Sonne glüht,
und die Welle schwingt,
und der Wind singt weh ade.

Falado

Falado, o Falado,
wer seilt mit nach Falado?
Jeder wollt es, keiner fand
Falado, das Wunderland.
Ein Mast ho, zwei Mast ho,
Dreimast, wo liegt Falado?

Bei der Berge Edelstein
schmeckt die See wie süßer Wein.
Schöne Frauen stehn im Wald;
wer die küßt, wird niemals alt.
Ein Mast ho, zwei Mast ho,
Dreimast, das ist Falado.

Hein Dreimast, der weiß Bescheid:
Falado, das ist nicht weit,
einmal Luv, einmal Lee,
mitten in der Mittensee.
Ein Mast ho, zwei Mast ho,
Dreimast seilt nach Falado.

Hein Dreimast seilt immerzu,
reise, reise ohne Ruh,
halst und wendet weit und breit,
seilt bis in die Ewigkeit.
Ein Mast ho, zwei Mast ho,
Dreimast, wo bleibt Falado?

Ewigkeit, o Seligkeit,
zieht nun an das schönste Kleid,
singt nun aus und Gloria,

Falado, jetzt sind wir da!
Ein Mast ho, zwei Mast ho,
Dreimast ist in Falado.

Der Muschelring

Und manches ist, was man besitzt,
das man nicht gern verliert.
Aus Meerschaum ward ein Ring geschnitzt,
mit Muscheln mild verziert.

Ein Mondstein ward hineingesetzt,
ein Tropfen wie von See.
Ein Tränlein hat ihn gleich genetzt,
das war von Abschiedsweh.

Es war ein Mondstein sondrer Art.
»In Treue« stand darin.
Er schmückte einen Finger zart.
Die Jahre gingen hin.

Bei Sturm und Trübsal war er blind,
doch blank bei Lied und Wein,
von jedem Wetter, Puls und Wind
gab er den Widerschein.

Und als das Mädchen still verblich
und starb und war nicht mehr,
da denn geschah: In Eile strich
ein Mann vom Hafen her.

Und fragte so von nebenbei,
so lässig, als es ging,
was es mit jenem Mädchen sei,
und auch, was mit dem Ring.

Die Nachbarin sprach kummervoll:
Das war ihr letztes Wort:
Wenn ich nicht länger warten soll,
der Ring, er wartet fort.

Der mir ihn gab, wo mag er sein,
verschollen übers Meer.
Bewahrt mir gut das Ringelein
zu seiner Wiederkehr! –

Der Meerschaum war vergilbt und matt,
die Muscheln abgeschabt:
allein der Stein war hell und glatt
und nach wie vor begabt.

Er sah ihn an, als wär er sein,
küßt ihn in Überschwang.
Wie strahlte da der Mondenstein,
erglühte und zersprang.

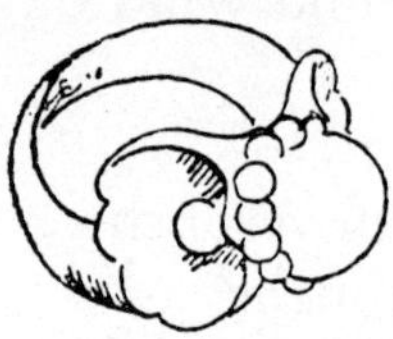

Die Wolke

Du aller Meere Sinn,
der Gründe Füllung du,
du ewiger Schluß und Anbeginn,
du Rast und Ohneruh!

Der Kimmung Bogenstrich
geigt dir zu deiner Lust,
die Wellenlämmer drängen sich
an deiner Sonne Brust.

Wenn deine Wolke droht,
du kennst das schwanke Herz,
das kleine schwanke Boot voll Not,
und lenkst es heimatwärts.

Meerstern

Es fährt ein Boot,
heißt Ohnenot,
das segelt fern
unter dem Meerstern,
und sein Raum faßt
aller Welt Last.

Am Uferwall
der Küsten all
voll Hoffnung bang
ihr Leben lang,
da harren sie.
Es landet nie.

Wende den Blick
zur Erde zurück,
leb fröhlich fort,
so wirst du dort
in Gnad zuletzt
an Bord gesetzt.

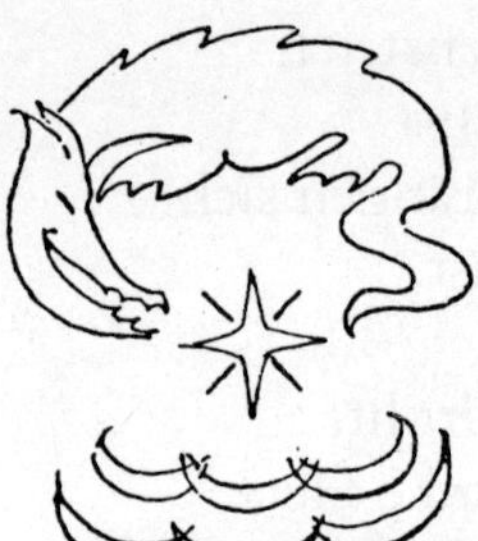

Landung

Wenn wir einst aussteigen,
gehn wir zu Fuß,
dann will man uns zeigen
den englischen Gruß
mit Flöten und Geigen
und was es da gibt,
da wird nicht erst lange
gesäumt und gesiebt,
da sind alle gleich
in dem himmlischen Reich,
wenn wir fortgehn
und von Bord gehn
an der goldenen Pier.

Da soll man nicht sagen,
wir wären nicht fein,
und wird uns nicht fragen
nach Buch und nach Schein,
da wird man uns zeigen
das freundliche Land,
und was wir auf Erden
geliebt und gekannt,
das wird dann da sein
in dem himmlischen Schein,
wenn wir fort sind
und von Bord sind
an der goldenen Pier.

Der Meerwein

Nun hilft kein Klagen,
das Schiff ist zerschlagen,
da muß ich versinken,
den Meerwein trinken.

Davon schlaf ich lange
beim Wellensingsange
in Tiefe geborgen,
es dämmert kein Morgen.

Und droben gleiten
die glücklichen Zeiten,
die Schiffe, die Sterne,
die silberne Ferne.

Die weißen Schuhe

Wenn wir in den weißen Schuhen gehn,
in den Händen tragen wir der Lilien zwei.
Sind wir wie die weißen Blumen schön,
wenn wir in den weißen Schuhen gehn,
ist der trübe Tag und auch die Nacht vorbei.

Auf den Wellen liegen sanfte Hände,
und den Winden ward befohlen, still zu sein.
Not und Jammer haben dann ein Ende,
auf den Wellen liegen sanfte Hände,
und mit Freuden laufen wir im Hafen ein.

Hören wir von fern die Laute klingen
und auch Hörnerton, der leise widerhallt,
können wir auf einmal alle singen,
wenn die sieben lieben Lauten klingen,
und dann sind wir niemals wieder alt.

Vita

Du fließend süßes Licht,
das mir gebricht,
erfüll mich dir,
o Zier,
und breit mir deine Hände hin,
daß ich gelandet bin!

Du gülden reiches Schiff,
komm an und triff
mit mir vereint
den Freund,
spann auf das weiße Segelspiel
zu meiner Seele Ziel!

Die Reise gen Übersee

Sei, Herz, bereit
und singe hell
dem Freudenquell
aus Ewigkeit!

Ich sprach ade
und reiste frei
vom sichern Kai
gen Übersee.

Mit Fleiß und Mut
zog ich durchs Meer,
mein Sinn stand sehr
nach Geld und Gut.

Was kümmert mich
des Nächsten Last?
Hab, was du hast,
so dachte ich.

Da kam zur Stund
ein Sturm mit Macht,
und Mensch und Fracht
ging fast zu Grund.

Vom Kurs verirrt
verzagte ich.
Da sahst du mich,
mein Herr, mein Hirt.

Der Wind ward zahm,
die Woge schwand,
als deine Hand
das Ruder nahm.

Aus Not und Pein,
aus Nacht und Riff
lotst du das Schiff
zum Hafen ein.

Acht Faden tief
warf ich das Lot,
als dein Gebot
mich zu dir rief.

Ringsum gestillt
lag schön besonnt
der Horizont.
Da sprachst du mild:

Daß, Kindlein, ihr
einander liebt!
Nichts Größres gibt
es dort und hier. –

Da sah ich klar,
wie selbstiglich
ich nur für mich
beflissen war.

Herr, steh uns bei,
damit dein Wort

nicht immerfort
vergessen sei!

Der Weg ist weit
zur Menschlichkeit.
Herz, sei bereit!
Kurz ist die Zeit.

Sisula

Wenn sie durchs Zimmer geht
sisula leise,
sie geht wie ein Tänzelwind,
der von See kommt,
von See zwischen Oakland und Emden.
Die Messinglampe überm Spind
lächelt ihr nach
sisula leise.

Wenn sie die Klinke faßt
sisula leise,
freuen sich Brot und Krug
auf dem Tisch.
Und der Gast,
der von See kommt
zwischen Oakland und Emden,
tut einen Augenwisch
von der Diele bis zum Dach
sisula leise.

Bleib, Kind, spricht er: Windewind!
Hier sitzt einer und spinnt
ein Garn, das reicht
von Oakland bis Emden
für siebzehn Hochzeitshemden.
Ist das nicht genug?
Da lächelt sie leicht,
sisula leise,
und ist davongeweht
wie der Wind von See
sisula leise
ade.

Verfallener Saal

Der Saal steht leer die lange Zeit.
Aus den zerborstnen Dielen steigt
das Wispern der Vergangenheit,
als ob der Wind auf Spinnweb geigt.
Allein an einer kahlen Wand
fröstelt ein halbes Notenpult,
von Staubgirlanden überspannt,
Altar von einem toten Kult.

Verwelktes Kichern schnippt hervor
und was in heitern Ecken hing.
Der Baß mit schmunzelndem Rumor
folgt einem Flötenschmetterling.

Was kommt herein so weit und grau
und hat sein Liebchen schon gepackt
und füllt den trauernd stummen Bau
mit rascher Lust im Polkatakt?
War keiner, der sie kommen hieß
zu tanzen hier die Nächte lang
mit denen, die der Bombenschwall
voreilig sich zum Raub erkor,
sie, die der Sonntag früh entließ
und die das graue Feld verschlang.

Nicht stört sie, daß des Dorfturms Rumpf
sich ins zerbrochne Fenster hängt
und daß vom nahen Kirchhofsgang
sich Kreuz an Kreuz herüberdrängt.
Ach, Liebchen, wo blieb Schuh und Strumpf,
wie ist dein Haar so hart versengt?

Und du tanzt ohne Arm und Bein?
Und der tanzt ohne Kopf? Und dort
tanzt die mit einem Kopf allein?

O tanze, tanze immerfort,
o tanze, tanze, tanze nur!
Bald schlägt die längst verstummte Uhr.
Horch, horch! Wie Ketten klirrt es dumpf,
wie Hammer, der die Ketten sprengt.

Erinnerung

Es sang eine Handharmonika,
sie sang in einem Lazarett.
Ein Lied lala, das hüpfte da
von Bett zu Bett.

Da wurden viele Augen klar;
denn alle Jungen kannten sie,
die kleine Schunkelmelodie,
und dachten, wie es früher war.

Sie schielten nach der Schwester hin
und dachten an ein gutes Kind
in Kuhdorf oder in Berlin,
wo sie zum Tanz gegangen sind.

Ein Einarm hatte Mut genug,
er nahm die Schwester zierlich her.
Da freuten wir uns alle sehr,
daß sie so schöne Strümpfe trug.

Das Wellenspielzeug

Die Uhr ist fern. Die Sonne ist nun blind.
Das Kleid verschießt. Die Schränke fallen zu.
Die Worte sterben, weinen wie als Kind.
Das Schwarze kommt und ist so still wie du.

Der Spiegel Ich, verhangen muß er sein.
Die Welle Zeit, sie flacht verzehrt im Sand.
Der Singsang dieser Welt wird alt und klein.
Absinken muß der Küsten stolze Wand.

Auf große Meere bist du hingeweht,
kein Klang, kein Blatt, kein Funke und kein Hauch,
nur dieses, was der Hülle bar besteht,
das tänzelt noch, schwingt auf und schwindet auch.

Verborgen ist der hohen Mühe Sinn.
Verborgen ist die Schaukel, die uns hebt.
Ohn' Ziel und Kompaß rauschen wir dahin.
Ein Wellenspielzeug ist der Mensch, der lebt.

Einsamkeit

Du bist mit mir gegangen,
und die Welt liegt weit,
das Meer hat uns gefangen
und die Einsamkeit.

Das Gestern und das Morgen,
das wohnt nicht hier.
Du bist in mir geborgen
und ich in dir.

Du bist das Land
und das heimliche Haus,
ich strecke die Hand
in den Wind nach dir aus.

Du bist das Meer,
das an die Küste bricht,
der Ruf und die Einkehr
und das tröstende Licht.

Schlafgarten

Am Schlafgarten warten wir;
fern wie Tag und Tänze sind
vor dem Fenster Meer und Wind.
Meer und Wind, das bist du mir.

Wie von Wellen bebt der Raum,
spielt der Wellen Spiele wieder,
hebt uns haltlos auf und nieder,
und die Kissen sind wie Schaum.

Friedlich sinken wir zu Grund.
Unterm Stubenfirmament,
auf den fernen Kämmen brennt
blaß und blasser Mund an Mund.

Herz, das noch am Herzen lauscht –
über uns mit einem Male
wölbt es sich zur Muschelschale,
die von unserm Atem rauscht.

Das große Du

Die Dampfer rufen durch die Nacht,
das große Du ist aufgewacht,
nun wollen wir nicht zagen.
Es tritt der harte Ruf zu dir,
es gibt kein Ich, es gibt nur Wir,
es will auf Erden tagen.

O komm, du strenges Himmelslicht,
das durch die Horizonte bricht,
du wandelst noch so ferne.
Vom dunklen Strom ruft es dir zu,
das Bruderdu, du Ohneruh:
Lösch aus die falschen Sterne!

Wir träumten allzu lange Ich.
Nun sinkt der Mantel hinter sich,
wir liegen nackt und schauern.
Die Dampfer rufen durch die Nacht,
das große Du ist aufgewacht.
Steh auf aus deinen Mauern!

Der Leuchtturm

Die Öltanks auf dem Mittelsand
sind bald wie Asche, bald wie Brand,
zwei, drei und Pause, Mal um Mal
trifft sie des Leuchtturms Pritschenstrahl.

Doch unterdurch der Horizont
glimmt auf wie mitternachtdurchsonnt,
und eines Dampfers Jahrmarktspracht
schiebt sich herauf und füllt die Nacht.

Und füllt mein Herz, o bunter Traum,
o Goldstaub von der Fremde Saum,
o altverrauchte Knabenfeuer,
o altverwehte Abenteuer!

Es quirlt in Stromes Zaubertiegel
mit Hoffnungsgrün und Liebessiegel
der Lampen Wellen-Spiegelglast.
Des Leuchtturms Pritsche ist verblaßt.

O Sehnsucht, still, wo willst du hin?
O Flügelschlag, o Neubeginn!
Laß ab, mein Sinn, sieh, was du hast!
Fern bist du nur ein armer Gast.

Und wär der Heimat Schuld und Los
auch deine Schuld und übergroß
und dein erbärmlich Büßerjoch,
so ist es deine Heimat doch.

Denn ferne Inseln, schaumgesäumt,
in Friedensfülle, glückverträumt,
die gibt es nirgends nimmermehr,
des Menschen Gier fiel drüber her

und lärmt bis in den fernsten Wald;
kein Ozean gebietet Halt;
das unberührte Lied verklang;
und alles wird Geschäft und Zwang.

So mach dich auf und such in dir;
in dir allein dein Glücksrevier,
die Einsamkeit und Freudenzeit,
den Frieden und die Ewigkeit.

Die Öltanks und die Dampferwogen
sind von der Nacht ins Nichts gesogen.
Über des Leuchtturms Pritschenhieb
schwingt kühl des Himmels Sternensieb.

Verliebte

Das ewig runde, kräuselnde Gelände,
das ist die See.
Auf der Reling liegen deine Hände
und singen leise Kyrie.

Kyrie wie zwei Seeschwalben,
und sie sind auch so rosaweiß,
ach, und an heimatlichen Duckdalben
bald wieder anzulanden, wünschen sie sich heiß.

Heimweh ist schön. Nur nicht dagegen wehren!
Tauchen erst Inseln auf, dann ist es fort.
Deine Hände beben, doch es soll dich nicht beschweren;
die Turbinen sind es, alles bebt davon an Bord.

Ein Übergang ist dies, ein kurzer Pfiff,
ein Kuß im Wind. Wir essen gut und tanzen.
Und schlafen eng zusammen auf dem tanzenden Schiff.
(Stewards und Mitreisende können uns im ganzen –)

Ja, im ganzen könnte dies alles Selbstzweck sein.
Die rollende Sonne zwischen Wolkengehängen.
Fremdheit, Horizont, Unendlichkeit hüllen uns ein,
und diese Luft! (Luv! – In Lee riecht es nach den letzten Gängen.)

Und du und ich, obenauf, auf den Wellen,
dem Himmel nahe, fast näher als jedem Grund,
der kilometertief, schwer vorzustellen,
abseits allem liegt, was hübsch ist und gesund.

Aufgelöste Seeleute dort unten, auch Passagiere,
bei S. O. S. oder sonstwie ungewiß begraben,
auch Schiffskatzen, Papageien und andere Tiere,
die das Los ihrer Herren zu teilen haben.

Und Geld und Gut. – Wie übrigens, wenn wir beide
auch etwa, den Tiefenströmen preisgegeben,
abgelöst von Samt und Seide,
stumm durch jene Abgründe schweben?

Und schweben wir nicht? Schatten von Kielen
über uns, bebend von den Turbinen.
Und an der Reling stehen zwei und spielen
mit den Gedanken. Und wir gleichen ihnen.

Windhunde des Meeres

Windhunde aber laufen schnell
ab Hamburg oder Bremen
und können jedes Landhotel
betreffs Luxus beschämen.

Die dicksten Lokomotiven gehn
glatt durch die Schornsteinrohre,
und brückenhoch der Kapitän –
stop – heißt hier Kommodore.

Und die Matrosen darauf sind
schnickschniegel anzusehen,
wie sie beim ersten Klassenkind
im Bilderbuche stehen.

Die Stewards sind so fein, so fein,
fast möchte man sie fragen,
ob sie zum Spaß verkleidet sein
und sonst Monokel tragen.

Die Pagen himmelblau und keck,
sie schweben durch die Türen,
als ob sie nachts aufs Sonnendeck
mit eignem Auto führen.

Doch drunten abseits dieser Welt,
da schwitzen die Maschinen,
da wird das Tempo hergestellt,
dem Windhundruhm zu dienen.

Und dennoch bleibt das Meer das Meer,
wie auch der Fortschritt sprühe,
und was des einen Lustverkehr,
das ist des andern Mühe.

Stoßt an, ob Segel oder Sott,
uns eint das gleiche Streben:
Lloyd, Hapag, Süd und Fischerpott
und was da fährt und Tramp und Trott,
die Seemannschaft soll leben!

Morgendämmerung auf einem Überseer

Nun graut der Tag aus schwanken Nachtgedanken!
Meer und Maschinen musiziern dem Schiff
zum Morgentraum den alten Jazz der Planken.

Die Brücke wacht und der Maschinenraum.
Nachtstewards mühn sich mit den Schuhn.
Schon wird geweckt. Schon gibts zu tun.

Und hier und da zirpt schon ein Morgenpfiff.
Der Mond wird blaß, die Sterne gehn nach Haus.
In Nordost achtern wächst ein Dämmersaum.

Und plötzlich sieht der Himmel prächtig aus.
Sein tiefes Lila platzt am untern Rand:
Gelbseidig lodernd steht die Kimm in Brand.

Und ziere Tupfen, amaranter Schaum,
steht Kleingewölk, golddrahtgerändert:
Zu Farbe ist die ganze Nacht verändert.

Das Meer bickbeerenblau, der Dünung Kamm kirschrot,
und Kirschrot pinselt sich bis zum Zenit,
durch den des Schlotqualms blaues Band sich zieht.

Und dem Besteck gemäß punkt auf die Uhr
rollt überhell der Sonnenball empor
und dämpft der Morgenröte Heroldschor,

und Färbung füllt des Schiffes Nachtkontur,
Aufbautenweiß, Bootsmahagonischnur.
Der Tag ist da. Nun, Herz, halt dich in Lot!

Regenbö

Eine Helle wölbt sich
über den Horizont,
eine gläserne Glocke.
Schon schwingt sie näher.
Es ist der Regen.
Die Regenbö,
sie saust heran.

Das Meer,
eben noch dunkelblau
und weißgetatzt,
wird grau.
Naß sind meine Hände,
mein Gesicht.
Meine Zunge schmeckt
das süße Wasser.

Allein
bin ich in diesen Weiten.
Zu niemandem kann ich sagen:
Sieh mal, wie schön!
Aber auf See
sind Worte sowieso gering.

Nun blitzt
die Mondsichel
über den Wolkenmatten;
die silberne Klinge,
sie mäht gen Westen:
Neubeginn,
zunehmender, gebender Mond.

Gegrüßt, kommende Tage,
glückauf zur Ernte,
mein Glück!

Hochzeitsreise auf See

Endlos wie das Meer
ist meine Liebe zu dir,
es gibt keine Wiederkchr
von dir zu mir.

Meine Welle, mein Wind,
meine Ferne, meine Welt,
mein Kuß, mein Sonnenkind,
mein mondiges Sterngezelt.

Es tanzt das große Boot,
wir schweben von Land zu Land,
von Morgen zu Morgenrot
einander zugewandt.

Perlen

Sie reihen sich unsäglich zart
noch wie vom Meereswind betaut.
Ihr Glanz verhüllt und offenbart
und atmet mit auf deiner Haut.

Verwundung ward zum Reichtum hier,
der unvergleichlichen Gewichts
in regenbogenfarbner Zier
sich hüllte um ein fremdes Nichts.

Wie Wellen spielt es sonderbar,
wie Mond und Sonne im Atoll
und glüht von Tiefe und Gefahr
gleich Meer und Seele wechselvoll.

Der Abenteurer (1913)

Und wieder sinken matt geflacht
der Ufer bunte Würfelbecher.
Schon trink ich Meerwind, ein gelaunter Zecher,
mein Blut erschallt. Mein Ferntraum ist erwacht.

O Traum von Ferne, wo die Palmen pfeilern
bei Zelten, weiß an Halden aufgestaut,
von unerhörter Sonne steil umblaut,
in Nacht gepfercht, wo wirr die Dünste meilern!

O Traum von Ferne, wo die Wüsten schauern,
verknirscht der Fuß dem Sande angezäumt,
das Blut an Fremdheit einsam sich verschäumt
in weiter Welt eng in des Körpers Mauern!

O Traum von Ferne, wilder Tage Traum!
O Manneskampf mit blitzenden Gefahren!
O Jagd und Faustrecht nach dem Wunderbaren!
O aufgeschleudert Herz! O ungeheurer Raum!

O Traum von Ferne, ungehemmte Fahrt!
Verwettert und gebrannt in scharfen Falten,
verfemt, ruhlos, in hunderten Gestalten,
vergottet und verludert. Irgendwo verscharrt.

Die Wolken reigen, wie wenn Gott befiehlt.
Es taumeln ihre Farbenschmetterlinge,
den Wellen zugespielt in gleitend ewigem Ringe.
So bin ich dir, o Ferne, zugespielt.

Fremder Hafen

Mund der Ferne, silbern klingt dein Grauen,
deinem Atem soll mein Hoffen trauen,
Meere sind auf deinen Rand gelegt,
drin mein Schiff den bangen Frieden hegt.
Mund der Ferne, silbern klingt dein Grauen.

Wenn wir aus den krausen Wolken steigen,
vor den Bergen müssen wir uns neigen,
angelehnt der weiten Meere Brust,
vor der Fremde Schönheit schweigt die Lust.
Wenn wir aus den krausen Wolken steigen.

Wie Matrosen laßt uns singend prassen,
Liebstes haben wir daheimgelassen,
Mädchen gurren, und die Nacht beginnt,
in den Bärten weht der Zonenwind.
Wie Matrosen laßt uns singend prassen!

Tanzt! Es musiziert die Abendröte,
Mastenharfe jauchzt und Schlotenflöte,
an den Hafenrampen spritzt das Gold,
das den Armen in die Schöße rollt,
Tanzt! Es musiziert die Abendröte.

Die Windsbraut

Wen die Windsbraut erst liebt,
der weiß Bescheid,
der ist verdammt gesiebt
von wegen Zärtlichkeit.

Sie, die mit jedem geht
und jeden auch versetzt,
das ist es, was ihr steht
und was er an ihr schätzt:

Ein Hochzeitskleid aus Gischt,
ein Kranz, geteert, aus Tau,
mit Sonn' und Mond gemischt,
bestickt mit Kabeljau.

Erst streichelt sie ihn mild,
dann preßt sie ihn an sich,
umarmt ihn naß und wild
und bleibt doch jungfräulich.

Manch Häuserkette rückt
er zwischen sich und sie,
wenn es im Hafen glückt,
doch er vergißt sie nie.

Die Stadt, die nirgend schwankt,
hat Kammern, wo er still
einkehrt, und manche dankt,
wenn er bezahlen will.

Er hob die Lampe auf,
sie schien wohl auf die Wand,
wohl auf ein Bild, darauf
ein Schiff in Segeln stand.

Auf kleinem Breitengrad
pfiff ihm zu guter Fahrt
raum im Nordostpassat
die Windsbraut zimmetzart.

»Herr Seemann, ach herrje,
noch eine halbe Stund!«
Nein, klar zum Wenden – ree!
Die Windsbraut ist der Grund.

Die Männer von dem Meer,
die lieben immer neu.
Kommt die Windsbraut daher,
sind sie ihr wieder treu.

Fähre VII

Nachmittags von Fähre VII
mußten wir nach Tollerort.
Sagten wir Beibei, ihr Lieben,
nächsten Hafen wird geschrieben,
ob auch alles wohl an Bord.

Einen Seemann nimm dir keinen!
sprach der Hai zum Krokodil.
Nimm dir eine von den Kleinen
mit den süßen seidnen Beinen;
denn davon gibts viel zu viel!

Mitternacht bei Fähre VII
kamen wir von See retur.
Schatz, ich bin dir treu geblieben:
denn nur eine soll man lieben,
jeden Hafen eine nur.

Fähre VII, Fähre VII,
wo die Seefahrt ist, ist Sott.
Denn die Seefahrt ist gefährlich,
und ein Schiff, das ist beschwerlich
und kein Marmeladenpott.

Morgens früh bei Fähre VII
stand ein Mädchen ganz allein.
Ach, mein Schatz hat nicht geschrieben,
und er ist auf See geblieben.
Ruhe sanft! Ich denke dein.

Der Pesthafen

Kam einer von Gottweißwoher,
wurde gelb, keuchte und sagte nichts mehr.
Und dann die ganze Mannschaft von der Potila,
einer hier, einer da
und in dem ganzen belämmerten Nest.
Und nun liegen wir hier fest.
O Jeminee!
Und vorläufig ist hier Sonntag im Hafen.
Kaum ein Qualm oder Krangejank.
Der Tod versperrt die See.
Die Kais und Duckdalben entlang
liegen die Schiffe und schlafen.
Ihre hohlen Bäuche gähnen
über dem Mückenkram von Schuten und Kähnen.
Ihre gute Breite und Länge
paßt schlecht in dies Küstengedränge,
ihnen ist landkrank zwischen dem muffig roten
Gespeicher und der dreckig verdächtigen Straßenluft.

Döst ein flauer Wind her,
schnüffelt an ihren kalten Schloten,
hat einen sonderbaren Duft
nach so ein bißchen Salz und Meer.
Da gnuckern und ruckern sie und lassen sich krauen
und knurren gegen die spitznäsigen Türme
und rülpsen in den Süßwellenflaum
und denken gewisser gehabter Stürme
und es kitzelt sie an den Trossen und Tauen,
abzuhauen
in echte Sturzseen und Atlantikschaum

und Horizont und Einsamkeit.
Genau wie wir.

Und wir sitzen und saufen uns voll
und sind laut
wegen der Langenweile
und weil es gut sein soll
gegen das Fieber.
Und liegen wie unsere Schiffe herum
und schlafen
bei Tag und Nacht
allein und auch nicht
und längst schon lieber
allein.
Doch der Tod sperrt die See.
Mancher, den es kriegt,
aber verläßt diesen Hafen
anders als er gedacht,
nämlich landwärts, ade!
Und keiner schaut
sich lange nach ihm um.
Wann – wann
kommt der Nächste ran?
Hau ab!

Seemannsgrab

Gestern war er froh und munter,
aber heut von einer Rah
fiel er überkopf herunter,
stumm und still liegt er nun da.

Eingenäht in Segellinnen,
auf der Planke aufgebahrt,
muß der Heimat fern von hinnen
auf die letzte große Fahrt.

Und zu Hamburg da stehn
schon die Mädchen an der Pier:
Und was bringst du mit nach Haus,
und was schenkst du mir?

Eine Perle aus Samoa,
eine Muschel aus Balboa,
Gruß und Kuß von allerwärts
und dazu mein Herz.

Zu ihm hin der Bootsmann schreitet,
zieht der Flagge Hülle fort.
Von der Reling niedergleitet
er nun leise über Bord.

Ach, nicht Stein noch Blumen sprießen
auf dem Seemannsgrab im Meer,
nur der Liebsten Tränen fließen
als ein Regen drüber her.

Und zu Hamburg da stehn
schon die Mädchen an der Pier:
Und was bringst du mit nach Haus,
und was schenkst du mir?

Einen Haifisch und ein Lama,
einen Spatz aus Jokohama,
Gruß und Kuß von allerwärts
Und dazu mein Herz.

Seemann sein –
ich schlafe so allein,
auf den Wellen wächst kein Gras.
Komm herein
im halben Mondenschein
und erzähl mir was!
Erzähl mir was, und wen du küßt,
erzähl mir, daß es ein Seemann ist.
Klag nicht und wein,
schlaf nicht allein,
ein Seemann soll es sein.

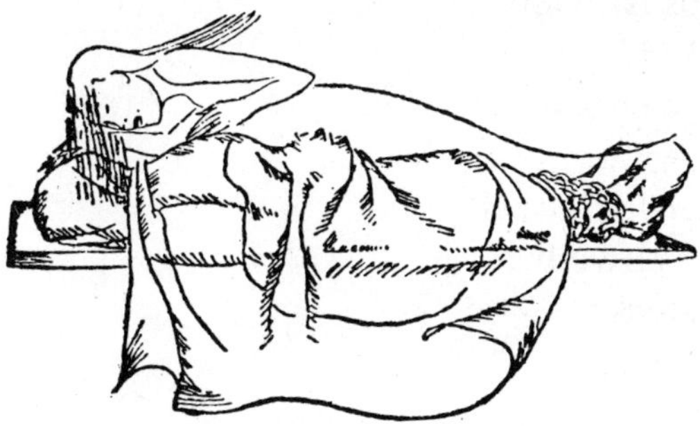

Hafenlogis

Der Qualm ist blau.
Blau ist: Verirrt.
Was grunzt die Frau?
Was schielt der Wirt?

Die Luft ist dick.
Nick hier nicht ein!
Sahst du den Blick?
Versteck dein Bein!

Was wispern sie?
Die Uhr ist tot.
Hier war ich nie.
Hast du noch Brot?

In Kalahu,
da war was los.
Die ganze Kru–
Was sagst du bloß?

Das Glas ist schief,
der Schnaps ist blaß,
Im Keller tief,
da schleift wer was.

Der Kümmel schmeckt
wie kalter Schweiß.
Im Keller steckt,
was keiner weiß.

In Tarimar,
da ist es Brauch –
Klar, wirklich wahr,
zum Satan auch!

Die Treppe geht
so still, so steil.
Ganz unten steht
mit einem Beil –

Nein, alles leer.
Schenk ein, mein Kind!
Dies Hin und Her?
Horch, nur der Wind.

Was warten wir?
O armes Bett!
Es riecht nach Bier,
nach Katzenfett.

Was zitterst du,
was ängstigt dich?
Die Tür ist zu,
vertrau auf mich!

Die Kammer ist
mir so bekannt.
Herr Jesus Christ
hängt an der Wand.

Und wie zum Spaß
daneben klebt

ein Seilschiff, das
zur Hölle schwebt.

Auf Borneo,
was es so gibt,
da macht man so,
wenn man sich liebt.

Im Fenster? Gähnt
die Nacht. Die Nacht.
Die Lampe tränt.
Die Treppe lacht.

Was graust dir? Schnack!
Sie lacht so knapp,
als hack sie, zack,
das Morgen ab.

Das Morgen? Ja!
Puß aus das Licht!
Noch bin ich da,
mehr brauchst du nicht!

Gut Nacht!

Aramia

Die Schlüsselmutter machte
ein schiefes Gesicht.
Die Gäste, sie trinken,
aber zahlen tun sie nicht.

O süße Aramia,
komm an mein Knie!
Ich liebte viele Mädchen,
aber solches noch nie.

Deiner Arme Farbe
ist wie lichter Schäg.
Jedoch dich zu lieben,
hat keinen Zweck.

Denn wer vom Hafen
gegangen kommt allhier,
und kann er nur zahlen,
so gefällt er dir.

Es spielt die kleine Geige
ein armes Heimatlied.
Du bleibst, und ich muß reisen,
das ist der Unterschied.

Das Hafenmädchen

Niemals hab ich einen gebeten,
er solle hereinkommen.
Aber viele sind eingetreten
und dachten, die ist schon genommen.
Ihre Mienen waren leicht
und schmeckten schon die Lust
und hielten alles für erreicht
und haben von nichts gewußt.

Das sind die Jungs von der See,
die kennen den richtigen Wind,
die kennen Kehrwieder und Ade,
die kennen Tahiti und Calais.
Aber im übrigen sind sie wie ein Kind. –
Lot mi an Land!

Da jumpen sie vom Schiff,
die Brust gereckt und voll,
jeder Blick ist schon ein Griff
und sitzt, wie er soll.
Von der Tropensonne gebeizt,
gewürzt vom Biskayawind,
von jedem Mäuschen gereizt,
wie Seeleute meistens sind.

Das sind die Jungs von der See.
Auf See sind die Freuden nur klein.
Doch an Land blüht der richtige Klee,
und jedes Mädchen ist wie ein Reh,
und jedes Reh soll umgelegt sein. –
Okeh!

Einmal kam einer vorüber.
Sein Gesicht schien verdrossen.
Da sagte ich: Komm, mein Lieber!
Aber er blieb verschlossen.
Er hatte so etwas im Schnitt,
mir war so froh dabei.
Doch fern verhallte sein Schritt
im Nebel am Hafenkai –.

Das sind die Jungs von der See,
unberechenbar wie der Wind.
Wenn sie kommen, sag ich: Geh!
Und lache. Doch mein Herz tut weh,
wenn sie gegangen sind. –
Goode Reis, min Jung!
Goode Reis!

Mädchenabschied am Hafen

Die Musik ist still geworden
in der kleinen Bar am Hafen,
und du brauchst mir nicht zu danken,
daß wir uns noch einmal trafen.
Draußen dröhnt es von den Schloten.
Bald werd ich am Ufer stehen,
und der Dampfer fährt vorüber,
und ich kann dich nicht mehr sehen.
Noch bist du hier
und sprichst von Wiederkehr
und siehst schon auf die Uhr indessen.
Ich weiß von dir
nur das: Ich lieb dich sehr!
Und alles andere hab ich vergessen.

Ob ich manchmal weinen werde,
sollst du mich nicht lange fragen;
denn du liebst das Salz der Meere,
Tränen können dir nichts sagen.
Nein, du sollst es nicht bereuen,
daß wir uns noch einmal trafen.
Sieh, ich lächle wie die Sonne
und muß heut schon einsam schlafen.
Noch bist du hier.
Sprich nicht von Wiederkehr
und blick nicht auf die Uhr indessen!
Ich weiß von dir
nur das: Ich lieb dich sehr!
Und alles andere hab ich vergessen.

Eines Tages ruft ein Dampfer
und kehrt heimwärts an die Mole.
Meine Pulse werden klopfen,
wenn ich dich von Bord abhole.
Tausendmal will ich dich küssen,
tausend Sachen will ich fragen,
und werd doch nur zaghaft dastehn
und vermag kein Wort zu sagen.
Dann bist du hier.
Die Welt versinkt umher
und alles, was da war indessen.
Ich weiß von dir
nur das: Ich lieb dich sehr!
Und alles andere hab ich vergessen.

Ein andres Hafenmädchen spricht

An Backbord brennt ein rotes Licht,
an Steuerbord ein grünes Licht,
grün ist die Hoffnung,
die Liebe, die ist rot.
Und hast du heute frei, mein Jung,
dann komm zum Abendbrot.

Hol über, hol über,
hier hast du meine Hand.
Ich hab dich immer lieber
auf See und an Land.
Du hast mich so verrückt geküßt
im dunkeln Treppenhaus,
und wenn du heute landfein bist,
dann gehn wir wieder aus.

Mitten auf der Reeperbahn,
da steht ein blauer Steuermann,
blau ist die Treue,
du nimmst sie nicht genau,
doch findst du keine neue,
dann bleib ich deine Frau.

Hol über, hol über,
hier hast du meine Hand,
und staun nicht so darüber,
ich hab dich gleich erkannt.
Du warst ja immer nett zu mir,
du kennst die Welt so gut,
und alles ist ein Gruß von dir,
was sich mir Gutes tut.

Im Hafen sind die Lichter gold,
das Gold, das kriegst du unverzollt,
Gold ist deine Seele,
doch bleiern ist mein Herz.
Was ich dir auch erzähle,
bald seilst du anderwärts.

Hol über, hol über,
leer ist meine Hand.
Die Jahre gehn vorüber,
die Sehnsucht hat Bestand,
und kehrst du einst von Afrika,
hast keinen, der dich kennt
und dich noch liebt, dann weißt du ja,
wo meine Lampe brennt.

An Backbord brennt ein rotes Licht,
an Steuerbord ein grünes Licht.
Die Liebe und die Hoffnung,
die bläst der Wind nicht aus,
und bist du endlich da, mein Jung,
dann komm zu mir nach Haus.

Hol über, hol über!
Ich warte auf dich.

Die blaue Galione

Die blaue Galione
trägt eine güldne Krone,
trägt um den Schuppenschwanz
den grünen Jungfernkranz.

Hoch von den Planken dringen
Matrosenfluch und Singen.
Ihr folgt bei Tag und Nacht
der Bau voll Mensch und Fracht.

Sie sah der Meere Wunder,
sah aller Küsten Plunder,
Nordkap bis Feuerland,
ist alles ihr bekannt.

An ihre Arme legen
sich Sonnenschein und Regen.
Es springt der Wellen Chor
an ihrem Leib empor.

Wenn alle Segel krachen,
hört man sie leise lachen.
Passat, Monsun, Taifun,
die konnten ihr nichts tun.

Einst ward sie neu gestrichen.
Der Seemann ist erblichen
auf seiner Schwebebank,
fiel runter und ertrank.

Denn ihrer Augen Sterne
sind blauer als die Ferne,
und ihre Brüstelein
berauschen wie Branntwein.

Und wer versteht zu hören,
den muß ihr Mund betören
mit Lengen und mit Leid
der Unersättlichkeit.

Doch geht das Schiff zu Grunde,
sie grüßt die Todesstunde.
Dann fängt die Hochzeit an
mit dem Klabautermann.

Er faßt sie um die Hüfte,
er wirft sie in die Lüfte,
er reißt ihr ab im Tanz
den grünen Jungfernkranz.

Hafenliebe

Twiete, Brücke, Fleet,
Speicher, Kran und Pier.
Hafenher geweht,
gehst du dicht bei mir.

Lichter ziehn im Dunst,
Teer, Gewürz und Rauch,
aller Zonen Kunst
und des Meeres Hauch.

Von der Werft herein
dröhnt der Schiffe Wand,
und der Brenner Schein
zuckt auf deiner Hand.

Was erzähl ich nun,
Seemannsgarn und so?
Einmal war ich duhn
fern in Kalako.

Vor der Stampa sang
einer in den Mond,
und verlockend klang,
was man sonst gewohnt.

Manches ist zu Haus,
was uns nicht gefällt,
und dann geht man raus
in die weite Welt.

Und vermißt die Luft
dieser kühlen Stadt,
diesen Hafenduft,
weil man Heimweh hat. –

Wie der Dampfer schreit!
Schreit er so nach dir?
Wird es denn schon Zeit?
Bleib doch, bleib doch hier!

Stewardeß dritter Kajüte

Der Tische Gier erwartet dich,
und alle sind vernarrt in dich,
Hulle Marulle.

Freßworte, die den Raum durchspucken,
Rülps, Dunst, Erbruch und Messerzucken,
dein falbes Haar brennt drüber her
schöner als das verfluchte Meer.

Und immer die Maschinen.

Der Teller Schatten letzen dich,
der Stühle Schenkel kosen dich,
die Planken fiedeln deinem Schritt,
Hulle Marulle.

Die Männer orgeln feuchte Blicke
vorbei an ihrer Fraun Genicke,
wo zwischen Rock und Stiefelschaft

die Gnade deiner Beine klafft.
Und jedem ist es einerlei,
was dabei schuldig oder unschuldig sei,
Hulle Marulle.

Es steigt der Schüsseln Opferrauch,
jedermann lüpft den Hammelkohl
als lüpfte er geduckt dein Kleid.
Das Messer zischt in den Hammelbauch
als schlitzte es in den Buhlerneid
des Nebenmanns. Und das möchten sie wohl,
Hulle Marulle.

Der Luken Monde leuchten dir,
der Lampen Fäuste dienen dir,
die Wände strammen sich zum Sprung.
Du lächelst und bist nicht mehr jung.

Und immer die Maschinen.

Du träumst von einem Bahnhofshotel,
da warst du fast schon kalte Mamsell,
da hat dich der Kellner Willy beschnackt,
mit ihm abzuhaun. Er ist längst versackt.
Dich aber hat das Fernweh gepackt,
immer hin, immer her
über das schreckliche saugende Meer.

Ja, wär das Schiff ein Strato-Klipper,
da sitzen die Feinen, die Nepper, die Nipper
und tun so gelassen und denken viel
an das jagende Glück, an das gleitende Ziel.
Und einer zieht still einen knisternden Schein:
Du sollst auf ewig mein eigen sein,
Hulle Marulle.

Das Schiff holt über, schwapp und hu,
und löscht den kleinen Traum im Nu
und rings der Augen zähen Brand
und das gierige Herz und die gierige Hand,
und jeder fällt auf sich zurück;
der Mensch auf See ist ein armes Stück.

Und immer die Maschinen.

Ein Funke – bleibt ein Funke doch?
Es schläft das Schiff, da wachst du noch,
und immer die Maschinen.
Du wärst gern wieder als Kind zu Haus.
Es knistert am Süll. Es tappt an der Wand,
als sei es eines Liebsten Hand.
Du weinst ein wenig und bist so allein
und findest die christliche Seefahrt gemein.
Und fährst doch nächstes Mal wieder mit raus,
Hulle Marulle.

Die Bumsorgel

Es regnet ohne Ruh,
und steif geht der Wind.
Wir sehn vom Fenster zu,
wo wir gelandet sind.

Die Mädchen sehn sich um
und kommen und gehn.
Die Bumsorgel, schrumm,
die spielt, und das ist schön.

Sie spielt je nach Bedarf
bald das und bald dies.
Der eine liebt es scharf,
der andre liebt es süß.

Saß einer an der Wand,
horchte, wie es tönt.
Und was er darin fand,
war, wonach er sich sehnt.

Ach, fern von dem Betrieb
zu Hause vor der Tür,
und hätte eine lieb
und säße neben ihr.

Da schien es grün und bunt
und angenehm im Schall
wie Hühnervolk und Hund
und Hof und Peitschenknall.

Und klang wie Glockenklang
und war von Blumen mild
und Gartenvogelsang
und war der Heimat Bild.

Die Mädchen von der Bar,
die tanzten viele Mal.
Da sah er auf und war
zu Sidney im Lokal.

Und als er trüb ermaß
der Tage weiten Lauf,
da machte eine Spaß
und heiterte ihn auf.

Prost! Das ist nun mal so,
wo Seefahrt ist, ist Rauch.
Die Bumsorgel, hallo!
und nun tanzen wir auch!

Die Versuchung

In der Honolulubar
saß ein Mann aus Tarimar,
sog an seinem Pfeifenstiel,
trank sein Glas und sprach nicht viel.

Neben ihm ein Mädchen stand,
eine Nelke in der Hand,
damit strich sie ihm ums Kinn
und roch süßer als der Gin.

Er jedoch genoß es nicht,
goß den Gin ihr ins Gesicht,
zahlte und erhob sich schwer,
sie jedoch ging hinterher.

Aber nein, der harte Mann
nahm ihr gutes Herz nicht an,
dacht der fernen Braut indes
und verbat sich weiteres.

Doch sie sprach: Es tut mir leid.
Streifte ab ihr seidnes Kleid
in der nächtlichen Natur,
verhüllt von der Nelke nur.

Ach, da ward dem Armen schwül.
Bin ich denn ein Besenstiel?
schrie er. Aber sie entwand
sich ihm aufwärts und entschwand.

Hoch am Himmel steht ein Stern
nelkenschön, doch allzufern,
der rief durch die hohle Hand:
Hast du mich denn nicht erkannt?

Ja, gekrönet wird nur, wer
der Versuchung bleibet Herr
und sich nicht vergißt, vergißt,
selbst, wenn es verlockend ist!

Das Buddelschiff

Sieh, Marie, das schenk ich dir,
dieses Buddelschiff,
und es sei zu deiner Zier
und ein Inbegriff.

Ach, der gute Rumverschnitt,
dessen letzter Dunst
sich verdichtete hiermit
zu des Seemanns Kunst!

In das klare Hafenglas
fuhr es sauber ein;
möchte man doch selber baß
so im Buddel sein.

So von Stürmen unbewegt
aus dem Fenster sehn,
unverstaubt, gut aufgelegt
immer bei dir stehn . . .

Manche Flasche wird geleert,
Whisky, Korn und Gin,
und wird lieblos ausgekehrt,
niemand weiß wohin.

Manche füllen sich mit Mus,
das die Hausfraun braun,
andere mit Rizinus,
um es zu verdaun.

Manche birgt im Kinderland
Milch und Gänsewein,
manche spendet den Franzbrannt
für das Zipperlein.

Manche säumen halsversenkt
blank ein Beet ums Haus,
manche dienen abgesprengt
einem Blumenstrauß.

Manche leben lang im Meer
flaschenpostgeglaubt,
manche sterben rasch und leer
auf des Feindes Haupt.

Einmal sah ich klein und groß
abgestimmt zu Hauf
aufgehängt, und virtuos
spielte jemand drauf.

Doch der Flaschen schönster Traum
– mit dem rechten Kniff

eingefügt dem gläsern Raum –
bleibt das Buddelschiff.

Zum Gedenken bringt es mit
der, der dich verehrt.
Bißchen Holz und Zwirn und Kitt
und kein großer Wert.

Doch zur Nacht da hebt es sich
über Tisch und Spind
wie Schneewittchen königlich
als der Meere Kind.

Das Schiff zu Paradeis

Eines Abends vor der Insel Paradeis
auf zwölf Faden Tiefe ankerte ein Schiff,
und es war im ganzen wie die Brandung weiß,
nur der Schlot war rot wie das Korallenriff.

Viele Boote kamen damals vom Atoll.
Windsanft war die Nacht und blütenschwer und heiß,
und an Bord war Tanz. Musik und Lachen scholl
fremd und laut bis auf die Insel Paradeis.

Und ein Feuerwerk stieg auf, acht Glas vorbei,
das beleuchtete weithin Schiff, Meer und Riff.
Aber später hörte man verweht Geschrei,
und am Morgen sah man nichts mehr von dem Schiff.

Eine weiß und rote Kinderpuppe trieb
mit der Brandung an den Strand von Paradeis.
Und sie war es, die allein ein Zeugnis blieb
dessen, was man dort von jenem Schiffe weiß.

Am Sarge Dauthendeys im Hamburger Hafen

Abenteurer war er und Poet.
Was in seinen Büchern steht,
ist wie einst sein Leben
der Schönheit dieser Erde hingegeben.

Angelandet ist er nun in diesem rauhen Hafen,
dieser Stadt, wo Knaben manchmal nachts nicht schlafen,
um den fremden Dampferrufen bang zu lauschen
und das Herz am Ferntraum zu berauschen.

So berauschte er sein ungestümes Herz,
warf es in die Winde sonnenwärts,
ging den fremden Feuerblumen nach
und lag unter Palmen oft vor Heimweh wach.

Denn zwiespältig ist der Rausch der Horizonte.
Großes Herz, das dies zutiefst erleiden konnte,
heimatfern von fremdem Tod verzehrt:
Endlich bist du heimgekehrt!

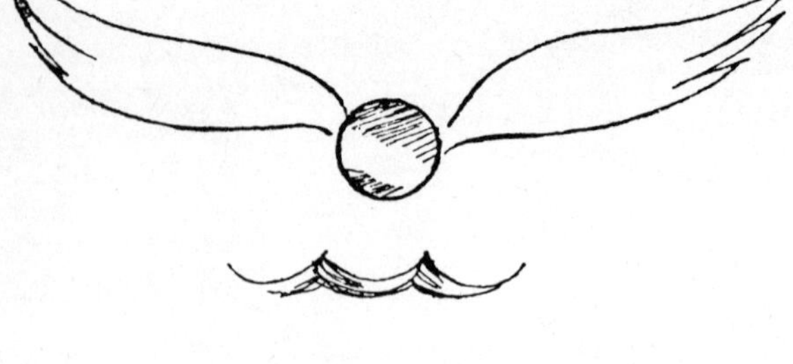

Der Fetisch

Namen sind durch mich geronnen,
aller Meere, aller Sonnen,
aller Dinge Schlangenschall,
aller Schellen Widerhall,
ewig.

Aus dem fetten Staub der Erde
buk ich mir der Böcke Herde
und der Stuten Mutterweh,
fraß das Land und trank die See,
ewig.

Höher soll das Zirpen klingen,
wenn sie mich mit Furcht umringen,
wenn sie zeugen, Gott an Gott,
neue Brut für meinen Trott,
ewig.

Aus den Räuschen aller Pfuhle
steig ich auf zum Richterstuhle:
hell wie eines Schwerts Gezück
schwing ich auf mich selbst zurück,
heilig.

Steh auf, steh auf!
Heb dein Gesicht,
sieh deines Wegs bedachten Lauf,
fürchte dich nicht!

Maria am Meer

Maria stand am Wasserrand,
wehe, Wind!
Und nahm die Sonn in ihre Hand.
Wehe, Wind!
Sie nahm sie wie einen Tropfen Wein
und trank ihn ab vom Fingerlein.

Da brannte ihr das Herz so sehr.
Wehe, Wind!
Zur Kühlung stieg sie in das Meer.
Wehe, Wind!
Das Meer, das hob sich aus und ein
und wiegte ihr das Kindelein.

Susu mein,
schlaf ein,
mein Susu,
mein Windel,
mein Kindel,
mein Susu
mein, schlaf ein,
mein Kind!

Rungholt

Viel Frauen, Reichtum und Geschmeid
und das war Rungholts Herrlichkeit.
Viel Glocken im Dom.
Viel Hulken im Strom.
Was singen die Glocken?
Tot ist Tot.

Dort in der Straßen Gold und Zier
bat einst ein Bettler um Quartier.
Viel Glocken im Dom.

Scher, Bettler, dich zum Deich hinaus!
Denn Rungholt ist kein Armenhaus.
Viel Glocken im Dom.
Viel Hulken im Strom.

Da wuchs der Bettler wie ein Turm.
Da sangen alle Glocken Sturm.
Viel Glocken im Dom.
Viel Hulken im Strom.
Was singen die Glocken?

Da kam die See, da brach der Deich.
Da fraß die See sie allzugleich.
Viel Glocken im Dom.
Viel Hulken im Strom.
Was singen die Glocken?
Tot ist Tot.

Aufblick

Es tagt, was willst du trauern,
die Todesengel flogen schon nach Haus.
Auf den zerpflügten Mauern,
darein sie ihre Saat gesät,
aufsteigt des Tages Majestät
und sieht gelassen, wie es ging,
und achtet alle Not gering
und füllt die hohlen Fenster golden aus.

Blick auf, zermürbte Seele,
das Licht lobsingt durch Schutt und Rauch,
es fragt nicht, was dich quäle.
Zerberstung, Schrei und Grausen schweigt
im Morgen, der die Flammen bleicht.
So sieh gleich ihm die Totheit an,
die euer nicht mehr brauchen kann,
der du entronnen bist, lobsing du auch.

Steh auf, reg deine Hände,
und weinst du auch zutiefst in dich hinein,
was war, das ist zu Ende.
Was hinsank und zerschmettert ward,
und schien es noch so groß und zart
und hattest es von Herzen lieb,
gib hin, und ordne, was dir blieb.
Denn gleich dem Tag mußt du ein Anfang sein!

Krokus

Krokus blühten, weiße, blaue, gelbe.
In der Uferweide sang der Buchfink:
Liebe, Liebe, daß ich dich so lieb hab!
Immer wars derselbe
süße Reim.

Sonnenfunken sprangen übern Strand
und ein Schiff kam, legte an den Steg
laut und schwer.
Leute gingen hin und her.
Und vom Buchfink hörte man nichts mehr.
Flog er fort?

Später stand ein blasses Mädchen dort
lange noch allein am Weg,
harrte auf des Kehrreims Wiederkehr.
Endlich aber zwitscherte der Buchfink,
wenn auch ganz von fern aus Unerspähbarkeiten:
Liebe, Liebe, daß ich dich so lieb hab!
Und da ging das Mädchen lächelnd fort
und kam noch beizeiten
heim.

Ruderlied (1910)

Tauch die Ruder leise ein,
laß uns nun verschwiegen sein,
hören wir doch, ich und du,
gerne kleinen Wellen zu.

Weißt du, was die Welle singt?
Was in deinem Herzen klingt,
lacht wie du und weint wie du,
lacht wie du nun. Hör nur zu!

Wenn ich eine Welle wär,
zög ich in das blaue Meer,
zög vorbei an manchem Land,
blieb an einem schönen Strand.

Macht die Sonne ihren Lauf,
schwebte ich zum Himmel auf,
flögen Wolken fort mit mir,
käm ich wieder her zu dir.

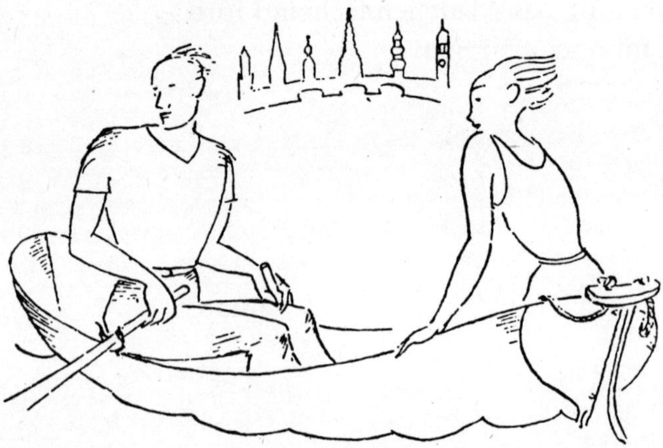

Kadenz des Abschieds von See

Überm Weltfahrwasser
hoch an Land
in einer Habmichlieb-Kajüte
saßen wir zu Gast
und tranken einen bernsteinfarbnen Wein.

Sag, warst du oft allein? –
Du liebe Güte,
oft allein? Horch, an der Wand
gehts tipp und tapp! – Wer

kam daher auf feuchten Schuhn
von See, schaumkronenblaß,
und klopfte uns ans Glas
mit ihrem Horizonte-Ring?

Die Windsbraut. Ja, ich hab sie fast
so sehr geliebt wie dich. –
Und nun?
Sie neigte sich und küßte dich und mich.
Und lächelte. Und ging.

Johannisnacht

In Schleiern sinkt der Uferdinge Fülle,
der See wird nebelstumm ein Meer;
Unheimlichkeiten hauchen durch die Hülle
aus längst ertrunknen Städten her.

Die Nacht wacht auf mit dumpfem Angesichte.
Entfacht von ihrem schwülen Mund
blüht mädchenzart ein Kranz Johannislichte
auf goldnen Stielen aus dem Grund.

Gestalten heben sich aus zagen Wellen
und schleichen schauernd um mein Boot
und neigen sich, und ihre Lippen schwellen
begehrlich und sind lange tot.

Die Luft ist voll von ungeschenkten Gaben,
von Träumen schwer, von Sehnsucht matt,
von Wünschen, die nicht mehr Erfüllung haben,
und so voll Trauer übersatt.

Flammender Busch

Oben überm Stromtal ist das Land finster,
Heide ist dort, braun um diese Zeit.
Aber an den Hängen blühte der Ginster,
unvergessene Lust flammte durch das alte Erdkleid.

Milde Feuerbäume, zephirsanfte Funken,
die sich dennoch gegen uns wandten,
sengend, zündend, bis wir ganz betrunken
wie zwei arme Heilige brannten.

Da blieb manche Schlacke bei uns am Grund,
und wir bemerkten es voll Scham.
Dein süßgewellter Mund
spie gleichsam Asche, was uns viel Freude nahm.

Ach, alles was uns verband,
unserer Seelen bebende Verwandtschaft:
ist es in sich selber schon verbrannt,
ist es schon wie diese braune Landschaft?

Mein Schritt tönt nun ohne Widerhall
durch das einsame Land.
Um mich herum lauert der Erdkreis überall,
die böse Schlinge in Gottes Hand.

Deren Würgestunde wir nicht kennen.
Flammender Busch, der aufbricht
aus meinem Blut, mich zu verbrennen,
früher Jahre Glut, stirb noch nicht!

Herbstlied zu zweien

Der Wind wird schon gemeiner,
es welkt der Sonne Licht,
die Tage werden kleiner,
doch unsre Liebe nicht.

Wir gehen durch den Garten,
der voller Blätter schneit
von aller Bäume Arten,
bunt wie die bunte Zeit.

Es wirbelt manches nieder,
was hoch und prächtig schwang,
und grünt doch einmal wieder
nach Weltenuhrengang.

Du hebst zu deinem Herzen
ein rotes Buchenblatt,
als sollte es verschmerzen,
was es verloren hat.

Wohl dem, der auf den Wegen
es so gut haben kann,
sich an ein Herz zu legen
und trösten sich daran.

Ach, müde seines Zieles
kehrt mancher still zurück.
Es braucht der Mensch nicht vieles,
er braucht ein wenig Glück.

Aus einem lieben Munde
ein gutes Wort zuzeit,
das macht ihn froh im Grunde
und seinem Mai bereit.

So wollen wir uns freuen,
daß wir beisammen sind.
Dann mag der Winter dräuen,
du bist mein Frühlingswind.

An einem schönen Herbsttag spricht ein alter Herr:

Nun fallen schon die gelben Blätter.
Doch eh wir in den Winter gehn,
wolln wir noch einmal bei dem Wetter
nach dem geliebten Walddorf sehn.

Wer weiß wie lang wir es noch können.
Und auch wie sich das Konto hält.
Drum laßt es uns noch einmal gönnen
in dieser wild gewordnen Welt.

Ja, einmal noch den Kuschelwagen,
den biedern Kutscher stramm in Blau.
Kein Auto, nein, und nur nicht jagen!
Und Arm an Arm die schönste Frau.

Das letztre zwar nur in Gedanken.
Man ist schon meistens recht allein.
Der Pferderuch, das Räderjanken ...
Manche Erinnerung stellt sich ein.

Wie wir zu zweit gen Dresden fuhren.
Es war die Krinolinenzeit.
Nun ist es Herbst auf allen Fluren.
Und Kleid ist heute kaum noch Kleid.

Gleichwie die Schiffe dieser Ära
nackter, wenn auch bequemer sind.
Mit vollen Segeln nach Madeira –
Damals ließ man sich Zeit, mein Kind.

Wohlan, nun laßt den Wagen warten,
weil man zu einem Imbiß neigt
dort am Lokale mit dem Garten,
wo zart die Tanzmusik ergeigt.

Die Luft! Und diese Melodien!
Den Tisch umkränzt Familienhuld.
Man fühlt sich jung, man möchte fliehen
zum Wald voll Kraft und Ungeduld.

Und nicht allein. An solchen Tagen
spürt irgendwer das gleiche Glück.
Ach, einmal noch den Kuschelwagen.
Hinaus aufs Land! Und dann zurück.

So schön wie du

Es klang ein Lied, das hieß:
So schön wie du –
o du, es war so süß.
Die Zeit vergeht,
und was gewesen, ist im Wind verweht.
Und dennoch hör ich immerzu
noch jenen Klang,
wie es so sang:
So schön wie du –

Drehorgel war es nur
und war doch schön.
Ich stand im Treppenflur.
Der Orgelmann,
so arm und alt, fing da zu singen an.
Er sang, ich geb es gerne zu,
nur mäßig zwar.
Und doch, es war:
So schön wie du –

Ach, was heißt schön, Marlies,
so schön wie du?
Es gibt kein Paradies,
das merkt man bald,
schön oder nicht, man ist doch einmal alt.
Und dennoch hör ich immerzu
den fernen Klang,
wie süß es sang,
so schön wie du –

Die Armenharfe

Ich seh in einem Hafengange,
tief in dem Schachte grauer Mauern
auf einer grauen Kellerwange
viel arme blasse Kinder kauern.
Doch plötzlich sind sie aufgescheucht,
hihi, hoho, es kommt ein Mann
verschabt, gebeugt,
schwankend von einer Harfenlast.
Schon hat die Harfe er gefaßt,
stellt sie vom Rücken zärtlich sacht,
wobei ein kleines Gesummse erwacht,
plink, plunk. Fang an!

Zehn Hakenfinger rupfen.
Plink, ringelt sich flink ein Motto herab,
das bittend von Türe zu Türe flieht,
und dann setzt der Baß sich behaglich in Trab
und drüberhin zirpt das Tanzschlagerlied,
daß die Fenster sich mit Gesichtern tupfen.
Die Töne glitzern am Mauerngrau
wie Silbergehänge und Edelsteinsäume
und schmücken die Dünste der Ärmlichkeit
und der Armut bescheidene Festtagträume.
Es lächelt in Schwarz eine junge Frau
und sieht sich wieder im tanzbunten Kleid.
Ein Krüppel vollführt ein Halli und Hallo
und hopst auf den Krücken, und ein andrer sagt roh:
So hopsen die Toten bei Waterloo,
oder Stalingrad.
Und ein Köter kreischt auf; es drehn sich die Steine,
es drehn sich die Dächer, die Herzen, die Beine,

und die Harfe fistelt, und die Kinder sind froh.
Ein paar klirrende Münzen, die sie erhaschen,
stopfen sie scheu in des Harfners Taschen.
Der schickt ringsum einen Dankesblick;
seine Saiten tun einen letzten Klick.

Dann ist der Mann wieder weggegangen.
Der Gang ist grau. Die Fenster sind tot.
Kleinwäsche tropft von verrosteten Stangen
wie die Sorge tränt nach dem täglichen Brot.
Der Krüppel ist stumm und streichelt den Hund.
Und es gärt von Schrei und verschluckter Tat.
Und ein Dampfer brüllt wie aus Urweltmund
so grenzenlos. Und es weht, es weht ...

Doch seht!
Die Kinder sind noch heiter,
sie spielen im Kreis und tiringeln weiter,
als sollten sie nach Jahren,
hallo, zur Scheuer fahren
goldene Ernte aus grauer Saat.

An meine Töchter
(als sie noch klein waren)

Da trippelt ihr so blond dahin
und lächelt in den Tag
und habt schon euern eignen Sinn
und kennt schon Kummer und Gewinn
und fragt nicht viel danach.

Und füttert eure Puppen frisch
und den Wauwaupapa
mit Puddingsand und Bausteinfisch
und ragt schon mählich übern Tisch
und sprecht wie die Mama.

Dornröschen schlummert im Gesträuch,
die Stadt ist rings behängt
mit Kuchen und mit Zauberzeug,
und jedermann ist nett zu euch,
weil ihr noch niemand kränkt.

Die großen Schiffe vorm Balkon,
Strand, Auto, Sonnenschein,
Milchsuppe, Rundfunk, Märchenthron
und lieber Gott und Telefon,
es geht euch prächtig ein.

Ein Dampfer kommt aus Morgenland,
und einer geht in See.
Die weite Welt dünkt euch bekannt,
ihr winkt ihr mit gelassener Hand
Willkommen und Ade.

Es knarrt ein harter Klang herauf.
Was wird das Großes sein?
Ihr kleinen Ohren, horcht nicht drauf!
Das ist der Zeitenmühle Lauf,
die mahlt das Große klein.

Und bäckt darauf das Kleine groß,
herb, süß, leicht oder schwer.
Ihr macht euch von der Hand mir los,
setzt euch nicht mehr auf meinen Schoß
und glaubt nicht alles mehr.

Und kramt nicht alles mehr heraus,
was euch das Herz bedrückt,
und lest und geht im Dunkeln aus
und findet anderswo nach Haus,
von fremdem Glück beglückt.

Und abseits stehn wir beide dann
und sehn es alt und klar,
und sehn des Lebens Ablauf an,
wie es begann, wie es verrann
und wie es lieblich war.

Nun, Kindlein, werdet stolz und gut
und küßt nicht jeden Hund
und richtet euern Lebensmut
nicht nach dem allerneusten Hut
und bleibt mir hübsch gesund!

Blankenese

Ein Kleingebirg aus bunten Muscheln,
darüber dick die Wolken kuscheln.
Darunter Flaggen hin und her,
des Stromes Überseeverkehr.

Hoch auf der schlanken Promenade
Haus über Haus das Grüngestade.
Ein kleines Nest, ein großes Bild.
Die Architekten lächeln mild.

Ein Dorf, das wie ein Eden liegt
und sanft nach Grog und Flundern riecht.
Von angenehmen Parks verschönt,
von einer Gastwirtsburg gekrönt.

Die stille Zuflucht – im Vertrauen –
zeitmüder Schlemmer, schöner Frauen.
Der Liebesstrand, das Sonntagsbad,
das Tanzlokal der großen Stadt.

Treppauf, treppab die Winkelgänge,
Schlafpuppengärten, Netzgehänge,
Boot, Abendbank und Fliesenkram,
versponnen, blond und tugendsam.

Solide Wäsche bauscht im Wind,
mit fremden Münzen spielt ein Kind,
ein Junge träumt von großer Fahrt,
ein Alter spinnt in seinen Bart.

Hoch über Baum und Schornsteindach
kommt man zu Atem allgemach.
Es brist herauf so meergeschwellt,
tief unten blitzt die weite Welt.

Legende am See

Es dunkelte bereits,
o sanctissima,
da kam ein Fräulein ganz allein
vom Schiff
und ging die Stadt hinan
die steilen Gassen.

Manche Leute
an dem schönen Abend standen
noch vorm Haus,
o sanctissima,
und sie äußerten gelassen:
Pflegt seit heute
hier so spät ein Schiff zu landen?
Ei, das wär uns neu.

Doch das Fräulein lieblich scheu
wich den Frageblicken aus,
o sanctissima,
und man grübelte nicht lange,
was es wollen möge, hier so unbekannt.
Vielleicht kommt es aus der Schweiz
oder gar noch weiter her
übers Meer,
übers Schwäbische Meer . . .

Und indes die Leute dieses sagten,
übersahn sie, daß, wo jenes Fräulein schritt,
ihm zu Häupten ging der Meerstern mit,
und auch, daß die schmalen Sohlen
einen kleinen Schliff

auf den Pflastersteinen hinterließen,
und der funkelte smaragden.
Auch war dächerauf das Abendrot
voll von zärtlichem Gesange,
o sanctissima.
Aber wer vermag
solcherlei zu hören und zu sehen?

Plötzlich blieb das Fräulein stehen,
so, als habe es noch etwas mitzuteilen,
o sanctissima,
doch die Leute hatten sich schon abgewandt,
streng gewillt, den Abend zu genießen.
Auch war schon den Tag
einiges geschehen,
das bedeutender als nur
ein Fräulein war.

So zum Beispiel, welche Schande für die Stadt,
war, und das fiel jedem wieder ein –
auch stand es im Blatt –
war im Münster, ohne alle Spur,
wer der Täter sei,
letzte Nacht,
o sanctissima,
Unsre Liebe Frau gestohlen.

Ach, da lächelte das Fräulein fein
und erregte damit fast Verdacht,
grad, als wüßt es mehr von diesen Sachen,
schien sich nun auch sichtlich zu beeilen.
Man erwog beinah, die Polizei

aufmerksam zu machen.
Aber da war es schon fort.

War schon münsterzu, und dort
schlüpfte es hinein
mitten
durch die Sakristei.
War die Tür denn offen?
Nein!
Aber welche Türen könnte man,
o sanctissima,
vor dem höchsten Gut verschließen?

Eben putzte ein Kurrendeknäblein
an dem Ewigen Licht;
denn das hatte schlecht gebrannt,
seit die Himmlische verschwand,
und man mußte es wohl ganz erneuern.
Da auf einmal,
o sanctissima,
da auf einmal ging es strahlend an,
und auf einmal fingen allzugleich
alle Glocken und von selbst zu läuten an.

He, wer zupft am Glockenstrick?
Wart, den werd ichs lehren!
Oder gilts der Feuerwehr?
O sanctissima!
Und das Knäblein hob den Blick
und erstarrte jäh betroffen:
Überm Hochaltar
im Gnadentor,
das noch eben kahl
bestohlen war,
stand die Holde wie zuvor,
schön wie je.

Wo aber bist du gewesen,
o sanctissima,
im himmlischen Reich
zum Vesperbrot
bei den Erlösten?

Nein, bei den Lieben,
die in der Ferne geblieben,
die allzu früh litten

den bitteren Tod,
die nie mehr heimkehren
in die lustige Stadt,
die nie mehr sich freuen
an dem leuchtenden See,
die mußte ich trösten.

Fenster überm Strom (1933)

Unterm Fenster liegt der Garten,
Rosen, Steinbrech und Lavendel,
Glockenblumen und Verbenen.
In dem magern, alten Birnbaum
zirpt der Grünfink, ziept die Meise,
und es badet eine Drossel
auf dem platten Stein im Teiche;
sie erschreckt die roten Fische,
auch die kleinen, die noch schwarz sind
und erst nächstes Jahr sich golden.
Aus der Laube räumt Pauline
klimpernd ab die Frühstückstassen,
und im Haus haucht Tante Ilse
zarte Sachen aus dem Flügel.
Herbstlich heitrer Sonnenmorgen!
Mücken tanzen letzten Reigen,
und die Töchter auf dem Rasen
spielen truhenbunt verkleidet
Schmetterling und Butterhexe
oder Königinnenhochzeit.
Und vom Strom auf ruft ein Dampfer
seeverweht und weltenweit.

Unterm Garten liegt der Strand,
mondgebogen aufgesandet
zwischen steingehäuften Buhnen,
grau geschattet von den Stapfen
vieler muntrer Badefüße.
Doch am Morgen ist er einsam.
Schläfrig reckt sich eine Tafel,
warnt vor Ebbe, Stack und Strudel,

und der Wind befingert gähnend
zwei verlaßne Zeitungsfetzen.

Sorglos sonnt sich schon ein Mädchen
und entäußert sich der Hülle,
ohne Ahnung, daß wer sinnend
sich im Fernglas dran erbaut;
ruhsam ölt sie ihre Schlankheit,
sieht auch nicht Hein Pümpelhagen,
der gekrümmt vom Druck der Zeiten
und von angeschwemmtem Treibholz,
das der Strand ihm freundlich spendet,
heim zu Stadt und Enge schwankt.

Hinterm Strand, da liegt der Strom.
Viele kleine Boote schaukeln,
weiße Segel, braune Segel.
Viele große Schiffe fahren,
gelbe, weiße, schwarze Schlote,
stramme Meeresungeheuer,
kommen sanft von fernen Küsten,
prall gefüllt mit Abenteuern,
Seemannschaft und Arbeitshärte,
Kaufmannsgeist, Betrieb und Sehnsucht.
Von den Sänden schrein die Möwen.
Bordmusik hüpft in die Wellen,
Tücher winken, Flaggen knattern,
mächtig überbauscht vom Qualmbaum.
Gischtend rauscht der Schwell am Strand auf,
kämmt die Buhnen, netzt die Zehen
der Verträumten und vergeht.

Überm Strom, da liegt die Weite,
liegt das grüne Marschenufer,
winzig Deich und Hof und Viehzeug,
Ziegeleien, Werften, Türme,
Estebrügge, Buxtehude,
und dahinter, bickbeermilde,
schwingt die Lüneburger Heide.
Gut riecht heut der Wind nach Seefahrt
und den fernen Heidewäldern.
In der ungeheuren Wölbung
nordisch blasser Himmelswiesen
weiden fett die Nordseewolken,
an der Sonnenblume nagend.
Surrend zieht herauf ein Flieger,
lauter schon murrt der Propeller,
und nun zittern alle Fenster,
donnernd pfeilt er übers Haus weg
und vergrollt schon hinterm Süllberg.
Frieden ist es, Frieden, Frieden.
Mög es immer Frieden bleiben!
Dürr im Strombett jault der Bagger,
der Versandung zu begegnen,
die dem Weltenfährweg droht.
Und von Westen ruft ein Dampfer
seeverweht und zonenweit.

Sonne, Mond und Sterne gleiten
über dieses Fensters Scheibe,
Wind und Wolken in die Weite,
Möwen, Schiffe und Laternen,
spiegelnd in der Wasserbreite,
wechselnd voller Wunder immer,
Jahreszeiten und Gezeiten

und der Fremde dunkles Du.
Unser Herz spricht manchmal: Bleibe!
Doch sie sinken in die Fernen
meerwärts oder hafenzu.

Wende dich zurück ins Zimmer,
in den Tag der innern Räume,
in die wandellosen Träume;
eine unverzollte Weile,
eine Stunde ohne Eile
bleibe Du!

Tafellied in einem Elbgarten

Gegrüßt ihr Freunde, heut wolln wir uns freuen,
am runden Tisch, da wolln wir lustig sein,
mit Scherzen, Singen, Lachen und Juchheien
wolln wir uns wie die jungen Füllen freun.
Noch sind wir jung, noch strotzen Krug und Schüssel,
die Kammern auf, noch fehlt uns nicht der Schlüssel.
O schöne Zeit der jungen Leute,
wie bald bist du verträumt, verschäumt!
Drum, Freunde, lebt, daß uns dereinst nicht reute,
was wir versäumt!

Noch prangt die Welt von angenehmen Dingen
und alle Türen laden: Tritt herein!
Und stellt das Schicksal uns auch Netz und Schlingen,
wir tappen sorglos darin aus und ein.
An jeder Ecke lauern Abenteuer,
ein Blick, ein Lächeln setzt das Herz in Feuer.

Jedweden Morgen hebt die Weltgeschichte
den Degen neu und lockt uns auf den Leim.
Wir fühlen ihre Spur im Angesichte
und reiten auf der roten Sonne heim.
Die Nacht entzündet tiefgeheime Funken,
ihr dunkler Becher macht uns toll und trunken.

Nun lobt den Strom, hoch seine Silberbreite,
die prallen Segel und den reichen Wind!
Es schwillt das Herz mit und enteilt ins Weite
zu andern Küsten, die auch fröhlich sind.
O Ozean, du schickst der Zonen Schätze,
daß dieses Elbstroms Füllhorn uns ergetze.

Ein runder Tisch ist diese runde Erde,
hängt voll und saftig unterm gelben Mond.
Drum langt nur zu, daß satt ein jeder werde,
und wählt nicht schlecht, daß sich die Mahlzeit lohnt.
Einst ist es aus, einst müssen wirs erleben,
satt oder nicht, wir müssen uns erheben.
O schöne Zeit der jungen Leute,
wie bald bist du verschäumt, verträumt!
Drum, Freunde, lebt, daß euch dereinst nicht reute,
was ihr versäumt!

Das Sonnentor

Es seilt ein Schiff gen Westen,
trägt einen hellen Schein,
das fährt mit seinen Gästen
im Sonnenhafen ein.

Wann gehn auch wir zur Rüste?
Wie ist der Weg so weit!
Ach, ferner rückt die Küste
der Himmelsherrlichkeit.

O Land, dahin wir steuern
und enden unsern Lauf:
Zu deinen Freudenfeuern,
o Sonne, tu dich auf!

Ein Segel

Saßen wir im Horizont
windbefächelt, sonnbesonnt.
Möwen schrien am Molenknauf,
und ein Segel tauchte auf.

Weiß und schmal wuchs es heran.
Dunkel stand der Steuermann,
und er hob zum Gruß die Hand;
wendend schwang der Bug vorm Sand.

Und da traf mich rauh das Wort:
Reise, reise, jump an Bord!
Folgen wollte ich gebannt.
Doch da hielt mich deine Hand.

Und du lachtest: Fremde Fracht,
hast du sonst nichts mitgebracht
als die alte weit und breit
säuselnde Unendlichkeit?

Flappend schwang das Tuch herum,
füllte sich, enteilte stumm,
kleiner ward es und entschwand.
Schweigend saßen wir am Strand.

Waren wie das Segel weit
weit auf See und lange Zeit.
Erst am Abend kamen wir
heimlich heim zu dir und mir.

Gezeiten

Wenn wir an der Tage Neige sind,
ruft die leere Kammertür uns an,
auf den dunkeln Meeren schläft der Wind
und die großen Städte schlafen dann.

Aber in der Tage Anbeginn
ist das Leben eine schöne Magd,
trägt der Erde Schüsseln vor uns hin,
küßt und kränzt und letzt uns ungefragt.

Aber in der Tage Mittagszeit
steht das Wetter überm Glockenturm,
unsere Schultern sind von Schöpfung breit,
unsere Segel tändeln mit dem Sturm.

Aber in der Tage Mitternacht
tilgt sich uns das abgelaufene Los,
fallen wir aus Gott wie Schneestern sacht,
trinkt uns Ewigkeit in ihren Schoß.

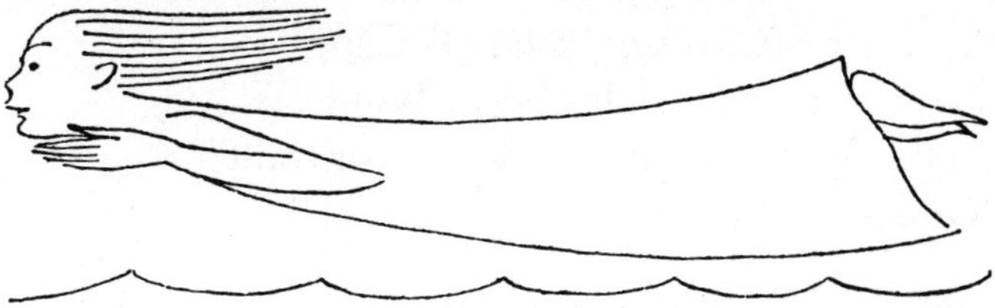

Ernst Barlach
(ihm ins Grab mitgegeben am 27. Oktober 1938)

Seit Meister Bertram hier versank
ohn viel Bestätigung und Dank
in dieser Nebelherrlichkeit
der norddeutschen Tiefebenheit,
gab es solch großen Meister nicht,
dergleichen Kunst nicht noch Gesicht.

Ein Himmelssturm im Nacken saß
dir, der die Kreatur ermaß
all Lebens armen Gottbereich
mit Beitel, Messer und Feder gleich
zu Wucht geballt, höllisch zergraust,
zuhöchst erlöst und eingehaust.

Ich sah den ›Engel auf dem Tier‹
und wußte, das sind du und wir,
und wußte, das ist jedermann,
dem Tier über und untertan,
das, ihm als Baugrund zugedingt,
ihm jäh entrinnt und ihn verschlingt.

Und las im ›Toten Tag‹ noch lang,
vernahm der Schöpfung krausen Gang;
ihr Mantel bauschte sich überm Wald,
deine Hände waren ihm fordernd verkrallt
wie Kinderhand uralt.

Nun ruh inmitten unserm Land,
vergessen viel und viel verkannt.
Wird ein Jahrtausend drübergehn,
da wirst du glorreich auferstehn.

Lied im Schutt (1943)

Und als ich über die Brücke kam,
Schutt, nichts als Schutt,
als ich über die tote Brücke kam,
da stand mein Vater und drohte mir,
als wollt er sagen: Das dank ich dir!
Und suchte und suchte, was er nicht fand,
und hob gegen mich die alte Hand,
der ich im Wege stand.

Und als ich über die Straße kam,
Schutt, nichts als Schutt,
als ich über die tote Straße kam,
da sah meine Mutter zum Fenster heraus,
aus dem toten Fenster: Ach, kommst du nach Haus?
Und huschte und wischte hin und her,
als wenns in den alten Stuben wär,
und weinte sehr.

Und als ich über den Torweg kam,
Schutt, nichts als Schutt,
als ich über den toten Torweg kam,
da stand mein Bruder und lachte mich aus
und war von den Flammen ganz klein und kraus
und sang von unserer Kindheit ein Lied,
von der Zeiten Glück und Unterschied
ein trauriges Lied.

Und als ich über den Garten kam,
Schutt, nichts als Schutt,
als ich über den toten Garten kam,
da standen meine Schwestern drei

und fragten, ob ich es wirklich sei
oder nur die Vergangenheit,
und trugen alle ein schwarzes Kleid
wegen der toten Vergangenheit.

Und als ich über den Schulhof kam,
Schutt, nichts als Schutt,
als ich über den toten Schulhof kam,
da stand mein alter Lehrer so grau
und wußte das Gute und Böse genau
und wies mit dem Finger nach hier und dort
in der Menschheit Irrsinn und Brand und Mord
und fand kein Wort.

Und als ich über den Kirchplatz kam,
Schutt, nichts als Schutt,
als ich über den toten Kirchplatz kam,
da stand am zerschmetterten Turme gebückt
meine Liebste und hatte ein Kränzlein gepflückt
aus verkohltem Gebälk und zerborstenem Stein
und lächelte selig und lud mich ein,
ihr Bräutigam zu sein.

Und als ich über das Ufer kam,
Schutt, nichts als Schutt,
als ich über das tote Ufer kam,
da sah ich mich selber am Wasser stehn
und sah mich selber von dannen gehn,
so leicht, so frei, so ohne Beschwer,
und glaubte es nicht und ging hinterher,
als ob es im Traume wär.

Und als ich über die Ferne kam,
Schutt, nichts als Schutt,
als ich über die tote Ferne kam,
da sah ich die tote Stadt von fern
und sah sie aufleuchten wie einen Stern
und sah ihre Not und Trübsal vergehn
und sah die Erschlagene auferstehn
schöner als je ich gesehn.

Welchen Ruhm und Preis
forderst du, unerforschliches Walten?
Wie weit
sind wir gekommen,
was hast du uns genommen,
Ungeheuerlichkeit!
Bist du noch das ewige Licht?
So mach uns wieder jung!
O schmales grünes Reis,
das unsere Hände halten,
welke nicht,
Hoffnung!

Obdachlos

Sag, ist der Weg noch weit?
Noch küß ich dich bei manchem Schritt.
Die Stunde rinnt so straßenkalt,
wir wissen wohl, wir müssen mit.
Still, susu still!

Viel Fenster hat die Stadt,
viel Türen und viel Lampenschein.
Was zögerst du von Haus zu Haus?
Horch, spricht nicht eines: Komm herein!?
Still, susu still!

Der Mond hat seinen Hof,
der Mond hat auch sein Wolkenbett.
Für uns wird keine Treppe hell,
für uns ist keine Stube nett.
Still, susu still!

Die Bäume sind schon kahl,
die Bäume sind kein Dach und Fach,
sie krallen sich am Himmel fest,
sie starren unsern Schatten nach.
Still, susu still!

Nun sinkt dein süßer Mund
und deine Hand freut sich nicht mehr.
Die Straße klappert ewig fort.
Sag, weinen deine Füße sehr?
Still, susu still!

Nun sirrt ein leiser Schnee.
Der Wehwind hat sich aufgemacht,
er schüttelt uns ein Bett zuhauf.
Was graut dir vor der langen Nacht?
Still, susu still!

Still, susu still!
Die Nacht dreht sich herum.
Ein Herz, das noch nicht schlafen will,
die Nacht ist lang, es wird schon stumm.
Still, susu still!

Das Flammenwort

Weit her kam ich und sah aufs Meer.
Aufschlug die Ferne wie ein Buch;
darin las ich manch toten Schrei
und las das schauernde Vorbei
und las das große Morgenlied
von keines Menschen Unterschied.
O Lied, wie standest du so blaß,
so blutgelöscht, so tränennaß!
Und blasser noch und kaum zu sehn
sah ich das Wort der Freiheit stehn.

Ohn Grenzen zog sich küstenlang
der Strand; an allen Küsten schwang
das Meer und schlug die Ferne auf
und reichte sie ringsum umher,
rings um den ganzen Erdenball.
In meiner Hand, da rann der Sand,
als rinne er im Stundenglas.
Und Seite schlug um Seite auf,
der Menschheit wirren Erdenlauf
und blaßte hin und war nichts mehr.
Nur eines blieb, ein Wort blieb stehn,
und keine Welle wusch es fort,
es flammte hoch und blieb und stand.

Und mancher stand gleich mir am Strand
und sah das Buch von überall
und sah die Seiten blaß und leer
und sah das eine, das da stand,
so leuchtend stand,
und las gebannt

und las wie ich
das Flammenwort:
Seid brüderlich!

Hilflos (1978)

Wir brauchen neue Gebete
Herr Gott im Überschall,
Herr Gott in der Riesenrakete,
Herr Gott im Kernzerfall,
Du ließest uns bestehen
trotz Bomben, Mord und Brand,
und was auch mag geschehen,
Du gabst uns freie Hand.

Wie würdest Du wohl noch zügeln
zu schlichter Mäßigung
das, was wir so kühn erklügeln
mit stets vermehrtem Schwung?
Bist Du doch selbst darinnen
im Satellitenschwall,
und was wir auch beginnen,
Du bist es überall.

Du in der Computer Eile,
in Quant und Wellenspiel,
was birgst Du zu unserm Heile,
wo steckt Dein geheimes Ziel?
Wir rasseln zu Deinen Sternen,
wir reißen die Himmel entzwei

und werden doch niemals lernen,
was wahre Schöpfung sei.

Denn was die winzigste Zelle
mit Puls und Leben füllt,
des Geistes verborgene Quelle
bleibt uns in Dir verhüllt
und wie Du selber stille
in unserm Fortschrittsschrei.
Herr, so gescheh Dein Wille,
Herr Gott, und steh uns bei!

Zwischen Gärten

Zwischen Gärten war ein Gang,
wie im Frühling kam der Wind,
und der Strom im Dunkeln sang
von den silbergrauen Ländern,
die in unsern Träumen sind.

Welkes Laub hing Baum an Baum,
aufgereiht gleich Zuckerkringeln.
Durch die Abendzweige wand
sich der ferne Ufersaum
als ein frühes Weihnachtsband.

Da erschrak sich deine Hand,
war wie heiliger Schein so weiß.
Bange lief der Wind zum Strand,
und der Regen weinte leis
von dem vielen Leid der Erde.

Deine Hand war weiß und klein,
war ein arm Christkindlein bloß.
Meine Hand war braun und groß,
mußte wohl die Krippe sein.
Halleluja sang der Wind.

Zonenlegende

Und wiederum ward es zur Erde gesandt.
Nun lobet all!
Der Engel nahm es still bei der Hand.
O Maria!
Da kamen sie vor das Zonentor;
die Grenzer, die Wächter, die standen davor.
Angelus dei.

Da fragte man sie nach Ausweis und Paß.
Nun lobet all!
Sie wußten nicht wie, sie wußten nicht was.
O Maria!
Denn wo sie herkamen, gibt es das nicht,
da liest man den Paß von jedwedens Gesicht.
Angelus dei.

Da nahm man die Personalien auf.
Nun lobet all!
Das gab ein Gefrage, das gab ein Geschnauf.
O Maria!
Vorname? Nachname? Was heißt Michael?
Der Engel wußte es nicht so schnell.
Angelus dei.

Und der Kleine, das Balg, die Blage da?
Nun lobet all!
Das ist der Herr Christus. – Herr Christus? Haha!
O Maria!
Und der Vater? – Heißt Gott. – Ich freß einen Hund!
Den Grenzern war nicht nach Witzen zu Mund.
Angelus dei.

Und wie denn des Vaters Vorname sei?
Nun lobet all!
Das fiel nun dem Engel so rasch nicht bei.
O Maria!
Doch sagte er, daß da ein andrer noch wär,
der hätt einen Vornamen, Josef hieß der.
Angelus dei.

Aber dem hat wieder der Nachname gefehlt.
Nun lobet all!
Da hat man den beiden nichts Gutes erzählt.
O Maria!
Denn die Grenzer und die haut man nicht übers Ohr.
Da nahm man ergrimmt, das Gepäck nahm man vor.
Angelus dei.

In dem armen Bündel, du liebe Zeit.
Nun lobet all!
Was fand man? Nur Güte und Freundlichkeit.
O Maria!
Das war doch verdächtig, das schien doch getarnt?
Da hat man die beiden nicht nur verwarnt.
Angelus dei.

Man hat sie ohn Gnade ins Loch gesteckt.
Nun lobet all!
Sie weinten ein wenig. Dann gingen sie weg.
O Maria!
Durch die Mauern hin und durch manchen Sinn
und gingen davon, Gott weiß, wohin.
Angelus dei.

Weihnachtslied in armer Zeit

Wie willst du, Herz, ertragen,
was dich an Ungemach befällt
in diesen sondern Tagen?
Du sollst doch froh aufragen
und mußt dich besinnen
auf dein unendlich Innen.
Sieh, noch steht vieles dir bereit,
bereite dich und sei gefeit
dem Mangel dieser Welt!

Wollten wir den Kuchen backen
in der lieben Weihnachtszeit,
fehlten uns die sieben Sachen,
fehlte uns die Süßigkeit.
Ach, was nun?
Herz, sei genügsam,
nimm, was dir keiner nahm,
rühr dich zu innerst an,
wo nichts an Siebensachen
und Süße fehlen kann.

Wollten wir den Punsch ansetzen,
Prost die Katz und Dankesehr,
kramten in den Kellerschätzen,
Bord und Flaschen waren leer.
Ach, was nun?
Herz, sei berauscht
von dem, was in dir lauscht,
kehr bei dir selber ein,
das wird dich besser letzen
als aller Erde Wein.

Wollten wir viel Gaben legen
auf den Tisch bis übern Rand,
sahn uns um auf allen Wegen,
kamen heim mit kahler Hand.
Ach, was nun?
Herz, greif hinein
in deinen tiefsten Schrein,
da liegt vollauf bereit
der Mühen Saat und Segen
und alle Seligkeit.

Wollten wir das Kleid anziehen
für den hohen Feiergang,
wars verschabt an Arm und Knien,
und die mürbe Naht zersprang.
Ach, was nun?
Herz, sei beglückt
von dem, was mehr entzückt
als aller Glanz und Tand;
die Liebe und die Güte schmückt
viel schöner dein Gewand.

Wollten wir das Licht anstecken
an dem holden Tannenzweig,
stöberten in allen Ecken,
und der Abend kam schon gleich.
Ach, was nun?
Herz, sorg dich nicht,
schon brennt das himmlische Licht,
das dich im Dunkeln traf,
und will uns alle wecken
aus unserm bangen Schlaf.

Wollten wir den Freunden allen
Grüße senden hin und her,
doch der eine war gefallen,
und der andre war nicht mehr.
Ach, was nun?
Herz, sei getrost,
sie haben gut gelost.
Du aber hast es schwer,
du sollst das Fest begehn,
als ob sie bei dir stehn.

Wollten wir das Lied anheben
für die allerschönste Stund',
unsre Stimme wollt zerbeben,
und verstummt war unser Mund.
Ach, was nun?
Herz, singe du,
sing lauter immerzu
von dem, was unvergällt
in deine Hut gegeben
zum Neubeginn der Welt.

Drei Engel stehen seiden
vor unsrer Tür die lange Zeit,
der eine heißt Bescheiden,
der andre heißt Erleiden,
der dritte daneben
mag sein Gesicht nicht heben
und lächelt doch so still für sich
und ist ein Trost für dich und mich
und der heißt Innigkeit.

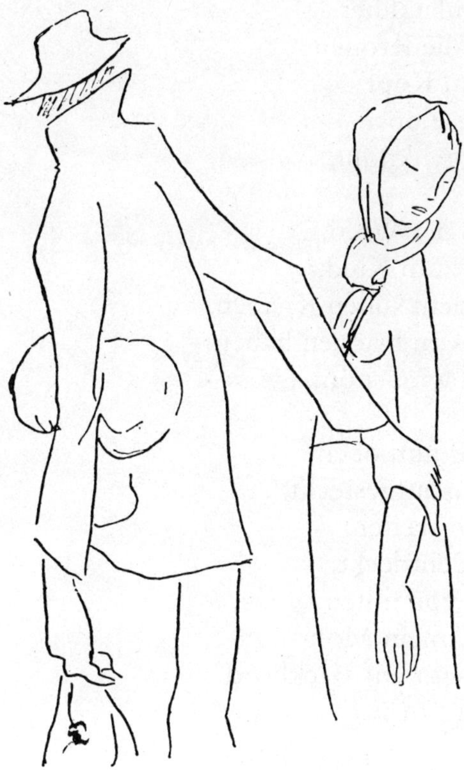

Die Könige aus Morgenland

Es kamen drei Könige
weit über das Meer,
sie kamen gesegelt
vom Morgenland her.
Sie nahmen die Kronen
demütig vom Kopf
und setzten sie oben
auf den Flaggenknopf.

Raumschots der Wind,
blas uns hin zum Kind,
blas uns zu dem süßen Knaben,
dem wir was zu bringen haben.
Hosianna, o wie schön!

Als Melchior nun oben
sein Krönlein aufgesteckt,
da hat er von weitem
ein Lichtlein entdeckt.
Rief Kaspar von unten:
Mein Sottje, mein Mohr,
du kömmst mir auf Backbord
so sonderbar vor.

Still, still, ihr Herrn,
ich seh ja schon den Stern,
ich seh ja schon den süßen Knaben,
dem wir was zu bringen haben.
Gloria, gleich sind wir da.

Sie stiegen mit Freuden
beim Stall an das Land
und traten zur Krippe,
die vor Maria stand.
Der Weihrauch ist die Liebe,
die Myrrhe ist das Leid,
das Gold, das ist der Schlüssel
zu Gottes Herrlichkeit.

Da lächelte das Kind,
Maria lachte lind,
und Josef nahm die guten Gaben
an für seinen süßen Knaben.
Halleluja, vielen Dank!
Vielen Dank!

Milde

Wann rückt herauf
in unsre Nacht
der Sonne Lauf,
die Milde heißt?

Du Kind und Geist,
du irdisch Blut,
du Nirgendnicht
und höchstes Gut,
du Mannigfalt
und einzig Licht,
du Ururalt
und Neugeborn,
du Immerda
und Stetsverlorn,
du Herzensnah
und Sternenweit,
du Bitternis
und Seligkeit,
wann rückt herauf
durch deine Macht
der Sonne Lauf,
die Milde heißt?

Die Milde heißt
und alle letzt,
der keine Nacht
ein Ende setzt.

Osterfrühe

Der Wind zerbläst die lange Nacht.
Fern überm Hafentor
glitzt Frühgold und verzaubert sacht
des Stromes Trauerflor.
An braunen Ufern summt ein Ton
von Feierglocken zart,
und kleine Segel gleiten schon
auf österliche Fahrt.

Haus schläft und Häuschen hingeschmiegt
mit Gärten vielgestuft,
dicht, wie ein Boot am Winde liegt,
den Hügeln angeluvt.
Und auf viel Treppen grau und krumm
bis zum bewellten Saum
geht schon Geräusch und Leben um
und geht doch wie im Traum.

Und geht, als pocht ein Herz erschreckt
hell durch die Dämmerung,
vom Duft der Daphnen aufgeweckt
und wie ein Stieglitz jung,
und pulst, von Wirrnis noch bedrückt,
in allen Landen weit
und hebt sich lauschend und beglückt
und seinem Tag bereit.

Denn ist es auch noch früh und kalt,
das Licht ist siegreich nah,
daraus der hohe Ruf erschallt:
Steh auf, die Zeit ist da!

Bald wird die ganze Welt erwacht
verwundert um sich sehn
und aus dem Todestraum der Nacht
in Freuden auferstehn.

Was fragst du lang nach bald und wann
und lehnst dich bang hinaus?
Das Leben schlägt sich selbst in Bann
und löst sich selbst daraus.
Und wenn auch tausend Tode sind
und zwingen es zum Schein,
es bricht hindurch und es gewinnt.
Des wolln wir fröhlich sein.